父さんが教える
株とお金の教養。

山崎将志

日経ビジネス人文庫

プロローグ　「お金持ち」の正体

■お金持ちの職業トップは？

父　さて。この勉強会では、お金持ちの是非の話はいったん無視して、君らは「お金持ちになりたい」という前提で話を進めていくよ。いい？

竹二　異論なしです。

父　まず、お金持ちになる人の職業って何だと思う？

竹二　社長！

梅三　ＩＴ企業で働くとか。

竹二　ビル・ゲイツ。

父　うんうん。ビル・ゲイツは長いこと世界の長者番付一位だったもんな。高校生も知ってるんだね。じゃ、質問を変えて、お金持ちだと思う人の名前を挙げてみて。

梅三　孫正義。

父　ソフトバンクのトップね。
竹二　あとプロ野球選手とか。
梅三　前澤さん。
父　前澤友作氏のことね。ZOZOの元社長だ。
竹二　お笑い芸人。
梅三　明石家さんまとか、ビートたけしとか。
父　なるほど。社長、スポーツ選手、芸能人、ってあたりかな。
竹二　そう、そんなイメージ。
父　面白い調査があるんだ。ちょっと古い本だけど『日本のお金持ち研究』※1という本がある。それによると、割合で言うと、お金持ちの職業トップは経営者、次が医者。
竹二　ああ、医者もあるね。
父　医者の中でも開業医ね。野球、テニス、ゴルフといったスポーツ選手はものすごく稼ぐよね。ドジャースに移籍した大谷翔平は年俸約101億円で10年契約とか。あと、ちょっと古いけどテニスの錦織圭の2020年の所得は34億円以上と言われている。

梅三　まあそのへんはちょっと別格すぎるよ。

父　そうだな。でも、国内でプレーする選手でもジャイアンツの坂本勇人は年俸6億円だよ。ただ、スポーツ選手は人数が少ない。野球でプロ入りできる人は年に100人前後だから、毎年3000人合格者が出る東大より入るのが難しい。さらに一軍に入って活躍し続ける選手になるのはもっと確率が低いよね。

竹二　ホントに一握りなんだね。甲子園ですごかった選手でもなかなか一軍に上がれないもんね。

■芸能人は3万人の椅子取りゲーム

梅三　芸能人はどうなの。明石家さんまとか、すごい稼いでそう。

父　そうだろうね。金額は全くわからないけど、年間10億くらい稼いでても不思議じゃないかな。でも芸能人も同じでものすごく数が少ない。これは芸能プロダクションの経営者から聞いた話なんだけど、モデルも含めた一般に芸能人と呼ばれる人の数は約3万人らしい。

梅三　プロ野球選手よりは多いね。

父　それは言える。でもその3万人の中には芸能活動だけでは生活できない人も含まれている。言い方を変えると「芸能人」の需要が3万人分しかないとも解釈できるね。芸能人の数は30年来全く変わってないらしい。

竹二　新しい人が入ってくると、古い人が出ていく、みたいな。

父　そう。芸能人にはそれぞれポジションみたいなものがあるらしい。例えばだいぶ前に結婚して引退した堀北真希ってわかる？

竹二・梅三　わかるよ。

父　堀北真希がいなくなると、彼女がいたポジションに別の人がすっと入ってくる。

梅三　誰だろう？

竹二　有村架純とか？

梅三　確かに！

父　有村架純はいい線かもね。父さんは、堀北真希は堀北真希でしかないと思ってたんだけど、そうじゃないらしい。青春ドラマの主人公、刑事役や犯人役、ママタレとかいろんなポジションがあって、そこが空くと他の誰かがすっと入ってくる。

梅三　椅子取りゲームみたい。

父　まさにその通り。芸能界は「3万人の椅子取りゲーム」。だから、彼らはずっと出続けてないといけないんだよ。でも、人間は歳を取るからずっと同じポジションにはいられない。30歳を過ぎてアイドルは厳しいでしょ。

竹二　確かに。

父　次のポジションに転換できた人は生き残れるけど、失敗するとそこで終わり。そんな世界みたいだね。

梅三　さんまとかたけしはすごいんだね。

父　あと、誰でも顔と名前がわかるレベルの芸能人は100人はいるけど、500人は絶対にいないってその芸能プロダクションの経営者は言ってた。だから実質的にはプロ野球選手並みの狭き門なんだよね。

梅三 俺はどっちも無理だわ。

竹二 俺も。

父 まあ、父さんの子供だから遺伝的に無理だよな。わりいな(笑)。

■日本に社長は約300万人もいる?

父 その次の医者ね。医者は世の中にどれくらいいると思う?

竹二 30万人とかじゃなかったっけ。

父 正解。30万人をちょっと超えるくらい。医学部に合格する学生が毎年1万人弱いて、そのほとんどが国家試験に合格する。

梅三 医学部ってめっちゃ難しいイメージあるけど、人数は野球選手や芸能人よりずっと多いね。

父 そうだね。ちなみに開業医の数は、10万人をちょっと超えるくらい。30万人のうち10万人だから、3分の1が自分の医院を経営しているってことだね。

では次。富裕層で一番人数が多い経営者の話に行くよ。日本に会社ってどれくらいあると思う?

梅三　500とか？

竹二　いや、もっとあるでしょ。100万とか？

父　答えは400万社弱。

梅三　えー、そんなにあるんだ。

父　そう。日本には会社が400万社弱ある。社長の数を、って考えると、中には複数の会社の社長になっている人もいるから、正確な数はわからないけど、仮に400万社の4分の3としてもそれはなかなかの数だよね。働いている人は日本に何人いると思う？

梅三　7000万人とか？

父　おお、いい線行ってるね。日本の「就業者数」、つまり何らかの仕事をしている人は23年の調査で6747万人。人口の約半分だね。

竹二　ってことは、働いている人の約4・5％が社長ってこと？

父　ざっくり言うと22人に1人は社長っていう計算になる。

竹二　ってことは俺のクラスには少なくとも1人か2人は社長になる人がいるってことか。

梅三　割と身近だね。

父　そうなんだよ。確率を考えると、プロ野球選手の何百人や芸能人の3万人より割合はずっと多い。でもピンキリなのは野球選手も芸能人も社長も一緒。だって、社長って誰でもなれるから。

梅三　そうなの？

父　自分で社長になるって決めて法律で定められた手続きを踏めば、遅くとも1カ月後には社長になれる。何の資格も免許もいらない。会社に就職して出世して課長になるよりはずっと簡単だ。「俺、社長です」って言えばそれでオシマイ。

■「大金持ちの社長」と「そうでもない社長」の違い

竹二　だけどそれは形だけの話でしょ。

父　その通り。儲かる社長になるのはとても難しい。でも儲かる社長になるのに資格は関係ない。大学にも行く必要がない。例えばさっき話に出たビル・ゲイツも前澤さんも高卒。

竹二　マジで？　ビル・ゲイツってハーバードじゃなかったっけ？

父　ハーバードに入ったけど、卒業していない。その場合の公的な最終学歴は高卒という扱いだ。

梅三　そうなんだ！

父　ちなみにスティーブ・ジョブズはリード大学中退、ホリエモンも東大文三に入ったけど中退しているから、彼らも高卒。あと前澤さんの最終学歴は早稲田実業。だから皆すごく頭はいいんだけど、ビジネスは学歴で勝負するところじゃない、ってことは確実に言えるね。

梅三　勉強意味あんのかなぁ……。

父　そりゃあるよ。大ありだわ。でもその話は別の機会でしょう。では次の質問。社長が300万人いて、その中でもさっき挙がったビル・ゲイツ、孫正義、前澤友作の特徴って何だろう？

梅三　新しい商品をたくさん出している。

父　そうだね。でもあらゆる会社が新しい商品を出してるよ。ネスレのキットカットは毎年新しいの出るし、日清食品もカップヌードルの新作しょっちゅう出す。

竹二　新しい基盤を作ってる、ってことかな。マイクロソフトのウィンドウズは皆使ってるし、ソフトバンクの携帯を使ってる人も多い。ZOZOは、ファッションのショッピングサイトと言えばZOZO、というふうになった。第一人者になった、ってことかな。

父　なるほど。近づいてきたね。じゃ質問を変えるよ。いま「基盤」っていう言葉が出たけど、世の中いろんな基盤があるよね。例えば輸送基盤の一つである電車を見てみよう。JR東日本にも社長がいるよね。他にも東京ガスとか、エアライン会社とか。そういう会社の社長と、さっき挙げた3人の社長は何が違うんだろう？

梅三　世界に出てること？　日本人だけを相手に商売をしてるから？

父　それはいいポイントではある。でもそれはビジネスの内容の話。社長としての違いではないね。ちなみに、ZOZOは日本に住む人を相手にしてる。

竹二　うーん、意識の違いとか？

父　意識も違うかもね。でも頭の中はわからない。ちょっと質問が難しかったかな。答えは「創業者」であること。

竹二　ああ、なるほど。会社を創った人ってことか。

■なぜ年収1億円で資産が数兆円になるのか

父　そう。君らが知ってる金持ち社長は、全員創業者だ。

竹二　アップルのスティーブ・ジョブズもそうだわ。

父　じゃ、何で創業者はお金持ちになれるんだろう。

竹二　たくさん給料をもらえるから。

父　それはあるね。しかし世の中に給料で大金持ちになった人はいない。もちろん大金持ちの定義によるけど、給料で得られるお金はたかが知れている。所得税率も高いしね。

さっきのビル・ゲイツや孫正義っていくら持ってるか知ってる？

竹二　知らない。100億円とか？

父　桁が3つ違うね。10兆単位。※2このサイトで世界長者番付が見られるから、2023年のデータを見てみよう。『フォーブス』という雑誌が毎年集計して公開してる情報なんだけど、これによると23年のビル・ゲイツの資産は14・5兆円（1ドル140円換算、以下本書では便宜上、全てこのレートを用いる）。

梅三 それでも6位なんだ。1位のベルナール・アルノーって誰？

父 ルイ・ヴィトンとか、シャンパンのモエ・エ・シャンドンとか展開している
ＬＶＭＨのＣＥＯ。

竹二 ヴィトンもシャンパンも全然縁がないけど、高級品を取り扱っているわけだし、世界じゅうのいろんな国に展開してるし、いかにも儲かってそうなのは感覚的に理解できる。

父 君らにはまだ関係ない世界だね。ちなみに、2位がテスラ創業者のイーロン・マスクで、3位のジェフ・ベゾスはアマゾンの創業者。それぞれ、25・2兆円、15・9兆円てなってるね。

梅三 25兆円なんて全然実感が湧かない数字だなあ。

父 すごい額だよね。ちなみに日本人を見てみよう。日本人のトップはユニクロの柳井正さんで、4・6兆円。20年は2・4兆円だったから、3年間で資産が2兆円増えている。

梅三 ユニクロってそんなにすごいんだ。

父 ちなみに前澤さんは日本人トップ10には入ってないけど、世界では１７２５位。

資産額は2380億円。

梅三 昔はお年玉100万円配りまくってたけど、それでも全然減らないね。

父 そうなんだよ。彼らはその規模でお金を持っている。では質問。ここで資産額3・1兆円を持ち日本人2位にランクインしているお金持ちの孫正義さんがソフトバンクからもらってる給料って、年間いくらだと思う?

梅三 1000億円とかじゃないと、計算が合わないよね……。

父 答えは1億円。

竹二 えー、それでどうやって何兆円にもなるわけ⁉

父 ようやく本題に近づいてきました。この勉強会のテーマに立ち戻ると……。

竹二 株、か。

父 その通り。持っている株の価値が上がったことで、これだけの資産を築くことができたってわけ。最初に梅三が挙げたIT企業の社員も確かに高い給料をもらえる可能性がある。仮に年収2000万円として、それを20年続ければ4億円になる。税金を払った後だったら、家族構成にもよるけど手元に残るのは2・5億から3億円くらいかな。大金ではあるけれど、10億円には届かない。

■株を買うことは、成長企業の利益の分け前を享受すること

父　例えば孫さんを例にとると、孫さんは何十年も前に会社を作った。その会社は株式を発行して、それを孫さんが買った。これを「出資」という。出資額はいくらか知らないけど、仮に1000万円としよう。孫さんはソフトバンクという会社を設立し、ソフトバンクは1000万円分の株式を発行し、孫さんは自分の銀行口座から会社に1000万円を振り込んだ。その対価としてソフトバンクは孫さんに自社の株式を付与した。

竹二　孫さんはソフトバンクにお金を貸したってこと？

父　お金を貸すことと、出資することは全く違う。これは後の章で説明するよ。

梅三　1000万円とか持ってないと会社は作れないの？

父　昔はそうだった。06年までは株式会社の最低資本金額は1000万円と決まっていた。だから株式会社を作るにはそれだけの額を用意する必要があった。だけど全部孫さんのポケットマネーである必要はない。他の人から出資を募ってもいいし、孫さん自身が他の人から個人的に借りたお金で出資するのでもいい。いずれにしても、

物語はここから始まった。

竹二　そしてソフトバンクが成長することで株式の価値が上がって、それに従って、1000万円が1億円になり、10億円になり、って感じで増えてったわけだね。

父　そういうこと。柳井さんも前澤さんも、創業社長は皆そう。会社が成長して持ち株の価値が上がったことで大金持ちになった。

その一方で非創業社長の多くは自社株をそれほど持っていない。学校を卒業して会社に入って出世して社長に昇進するのが典型的だけれども、その間にもらえるのは給料だけで、上場企業であれば株を与えられることはまずない。だから株を途中で買っているとしても、もらった給料の一部で買った分を個人的に持っている程度。社長になると株を持つように促されることもあるけど、その場合も銀行から個人的にお金を借りて株を買うことが多いみたいね。

いずれにしても大手企業に就職して、その会社の規模が拡大したからと言って、その会社の株価の上昇により財を成すというケースは皆無と言っていいと思う。

■普通の人がお金持ちになる「近道」

梅三　じゃあお金持ちになるには芸能人や創業社長になるしかないの？　どっちにもなれない普通の人が、お金持ちになる手段はないってこと？

父　起業するとその逆に一文無しになるリスクもあるよ。

会社員として安定した給料をもらいながら、お金持ちになる方法もある。その方法の一つは株式投資をすること。運が味方すれば社会に出る前にある程度のお金持ちになれる可能性だってある。**投資は普通の人がお金持ちになるいちばんの近道だ。**

例えば、２０１１年にアマゾンの株を10万

普通の人には
「投資」がある！
創業社長は
ハードルが高いな…
ワンッ

円買ってたら、いま200万円近い額になってるよ。

梅三 うわ、10年とちょっとで約20倍か!

父 フォーブスの長者番付に載っている人の多くは創業社長。この規模の資産家になるには、自分で始めた会社を育てるしかない。でも普通の人であっても、こういう会社の株を買うことでお金を増やすことができるんだ。

◇

こんにちは。山崎将志です。

この本は、株式投資に興味のあるすべての人に向けて書きました。

内容は、我が家の次男が高二、三男が中三だったときに一回1時間、7回にわたって教えた株式投資の基本についての勉強会が元になっています。このたび文庫化にあたり、情報の一部を更新しています。

この勉強会を始めたきっかけはある日夕食を囲んでいた時に、次男が「株やってみたいな」と突然言い出したことです。理由を聞くと「何となく」と言うのですが、おそらくテレビで最近株価が上がっているというニュースを見たり、それについて妻と私が会話しているのを聞いたりしているうちに興味を持ったのでしょう。

この年代から株式投資について興味を持つのはとてもよいことです。株式投資のリターンは時間の関数ですから、始めるなら早ければ早い方がいい。私が株式投資を始めたのは30代になってからと遅めで、しかもいろいろと手探りでやってきたために最初の10年は失敗ばかりでした。

私が経験を通じて学んだことを中高生のうちから理解し、実践できればこの先豊かな生活を送ることができる可能性が高まるはずです。そこで当時中三だった三男も巻き込んで、株式投資の基本的な考え方を教えることにしました。

日本の若者は先進国の中で最も将来に対して悲観的だという内閣府による調査結果[※3]があります。確かに小学校の教科書にも日本は高齢化が進み、いまは現役世代2人が1人の高齢者を支え、2030年には日本人口の3分の1が高齢者となり、2040年には1・5人の現役世代で1人の高齢者を支えなければならない、ということが書いてあります。

経済成長率が低いいまでは、「自分たちが親世代よりも豊かになれる可能性は低い」

というのは彼らの中では半ば常識であり、年金制度は持続不可能であると考えています。さらにはＡＩとロボティクスの進化により仕事に就くことすら容易ではないという予測を知っています。

私も全く同意見です。しかし自分の子供たちにはそうした流れに乗るだけの人生を送ってほしくありません。経済的に豊かな人生を送る手段の一つは株式投資です。短期売買を繰り返すトレーダーを目指すのは反対ですが、長期投資により仕事で稼ぐ以外の収入を得られるようになってもらいたいと願っています。

しかし投資をするには元手が必要です。いまの中高生が十分な元手を作るには、まず就職しなければなりません。それも給料の高い会社に就職ができればより多くの投資資金を作ることができます。

実は早いうちから株式投資を始めた中高生は、株式投資経験のない学生よりも就職先選びにかなり有利です。なぜなら株式投資の大きな目的は成長の可能性の高い企業を見きわめることであり、それは就職活動の目的と全く同じだからです。噂やイメージ、ネットの匿名掲示板情報をもとに決断を下すと失敗するのは、投資も就職活動も同じです。投資家の目を持って世の中を見れば、近所の店が儲かっているかどうか、人気商品がどれくらい利益が出ていそうかなど、日々の暮らしそのものが経済の勉強になります。それを何年も積み重ねれば、良い就職ができる可能性はかなり高まることでしょう。

とはいえ、中高生に株式投資なんて理解できるのかと思われる方もいらっしゃるでしょう。私は中高生の知的レベルはほとんど大人と同じと考えています。親御さんは子供たちの知的レベルを見くびらず、また中高生の皆さんは、自身の知的レベルに自信を持ってもらいたいと思います。ですから私は、皆さんを子供扱いすることなく、普通に大人同士で話すのと同じレベル感で話を進めていくことにします。ただし、明らかに知識も経験もないであろうと思われることを話題にするときには、丁寧に説明するようにしますから何の問題もなく理解してもらえることと思います。

また、本書は社会人の方にも役立てていただけることを目指しています。用語も考え方も順を追って丁寧に説明していますので、投資未経験者や初心者の方もすらすら読んでいただけるでしょう。

さらに投資経験者の方にも役立てていただけるはずです。歴史を通じて株式投資がどのように生まれ、なぜいまの形なったのか。モノの「価値」をどのように算定するのか。株価の裏付けは何なのか。
このような、気にはなっているけど説明を求められると困るような知識や考え方への理解を深めていただけます。

【あらかじめお断り】

- 本書は筆者の企業経営と金融商品売買の経験、および経済学士としての知識に基づいて書かれています。筆者および筆者の経営する事業体は金融庁の定める「投資助言業」の登録事業者ではありません。ただし、情報が書店等の店頭に陳列され、誰でも、いつでも自由に内容を閲覧でき、判断して購入できる状態にある場合は投資助言業に該当しないことは金融商品取引法で規定されています。したがって本書は法令に違反するものではありません。
- 個別の企業について詳述している箇所が多くありますが、当該企業の株式の購入を読者に推奨しているわけではありません（本文でも再三触れています）。本書を参考に購入を決断される際はあくまで自己責任にてお願いいたします（＝「お前の話を信じたせいで損したじゃないか！」と言われても何の責任も取れません）。

- 株式投資に関して全くの初心者に対するわかりやすさを最優先として書かれていますので、細かい部分について厳密に言えば不正確だ、という場合もありえます。
- 途中で主張が変わるように見える部分がありますが、講義形式で時系列に理解が進むように構成していることが理由です。本書の最も後ろに書かれている内容が最終的な主張です。
- 講義は21年1月から3月にかけて行いましたが、本書の株価や経済指標等の各種データは文庫化時点における最新のものを掲示し、本文または図版中に日付を記しました。そのため、本書印刷・配本時点、あなたが本書をお読みになる時点、それぞれと数字が異なります。

以上をご理解の上楽しんでいただけますと幸いです。

本書の十分な理解の上で、最終講でお薦めする方法からスタートし、これから成長する会社を見つけて上手に投資していけば、長期的には元手から比べれば相当程度の資産を築けるはずです。

株式投資は、普通の人が金持ちになれる唯一と言ってもいいぐらいの手段です。それでは、始めましょう。

2024年5月

山崎　将志

※1 『日本のお金持ち研究』（橘木俊詔・森剛志著、日本経済新聞出版）
※2 Forbes「World's Billionaires List」https://www.forbes.com/billionaires/
※3 内閣府「平成30年版 子供・若者白書」

目次

プロローグ　「お金持ち」の正体……3
■お金持ちの職業トップは？
■芸能人は3万人の椅子取りゲーム
■日本に社長は約300万人もいる？
■「大金持ちの社長」と「そうでもない社長」の違い
■なぜ年収1億円で資産が数兆円になるのか
■株を買うことは、成長企業の利益の分け前を享受すること
■普通の人がお金持ちになる「近道」

第1講　投資をすればお金が増える？　37

01　投資で「儲かる人」と「損する人」……38

■株は「負ける人」の方が多い?
■株は誰でもできる。だから株式市場は恐ろしい
■日本人の半分は株式投資をしていない
■日本株は70数年で190倍になっている
■アメリカ株は120年で600倍以上に

02 「株価」って結局、何のこと? ……55
■「お金を貸す」と「投資する」は何が違うのか
■「買える株」と「買えない株」がある
■「株価が高い」と「会社の価値が高い」はイコールか
■株の価格は「利益の何年分か」で決まる?
■不祥事で株価が下がる企業、下がらない企業
■これから伸びる小さい会社と大企業、どちらが狙い目?

COLUMN 勉強をすることのほんとうの意味って? ……71

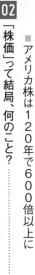

第2講 どんな会社に投資するといい？ 75

01 日米の時価総額ランキングを見てみよう …… 76
■日本の時価総額ベスト10企業から見えること
■ファストリとユニクロから見る持ち株会社、事業会社
■「単元株」は薄皮クリームパン1袋みたいなもの？
■アメリカ市場の時価総額ランキング
■エヌビディア、TSMCはなぜ儲かるのか
■GAFAM5社だけで時価総額は東証プライム企業合計より高い

02 GAFAMの時価総額が高いのはなぜ？ …… 92
■5社に通じる「重要な共通点」
■マイクロソフトとユニクロの儲けの仕組みの違い
■大きな利益の出やすい業種、そうでない業種
■もし10年前にGAFAMの株を買っていたら……

03 日本株だって負けてないぞ……103
任天堂の株価は10年前の8倍になっている
04 株式市場は過去に興味がない……110
日本国民がもしユニクロしか着なくなったら
「いままで上がってきたから上がる」は失敗する人の発想
カツ丼チェーンは牛丼チェーンより儲からない？
「将来の利益」をどうすれば予測できるか
買うタイミング、売るタイミングの見きわめ方
セリアの株価が頭打ちになった理由を考えてみる
ニトリ、丸亀、セリアが好きな人はお金持ちになれる？

第3講 「株価情報をちゃんと読める人」になる 127

01 アップルは投資先であり製品を買う会社ではない（父さん説）……128

■アップル社はなぜ時価総額が高いのか
■アップル製品にはうちの敷居を跨がせない理由
■なぜ日本人にiPhoneユーザが多いのか
■消費もするし、株も買うのがベストな会社

02 株価情報、どう見ればいいの？……144
■「プライム」「スタンダード」「グロース」って？
■株式に関連する情報の意味を知る
■「テクニカル分析」は星占いと同じ？
■チャートはあくまで過去を把握するためのもの
■意外とみんな把握していない「PER」の本当の意味
■日経平均PERの推移に見るコロナ禍の投資家心理
■「PBR」を見ることで何がわかるのか
■株価はEPSとPERの掛け算によって決まる

03 改めて、利益ってなに？……172
■子供が貰うお小遣いは売上なのか利益なのか

■100円の菓子パンから学ぶ、4つの「利益」の違い
■キャピタルゲインとインカムゲインって？
COLUMN 就職先はどう選ぶか？ …… 181

第4講 「伸びしろのある会社」を見きわめる 185

01 父さんの保有銘柄を見てみよう …… 186
■「聞いたことがある会社の株を買う」はなぜ危険？
■アマゾンは「ネット通販の会社」ではない？
■「すごいサービス」を持っていても株を買うのは早計
■スマホ市場が巨大でも関連株が上がると言えない理由
■なぜマイクロソフトは時価総額1位に返り咲いたのか
02 ビジネスモデルに注目してみる …… 202
■なぜショッピファイの「使いにくさ」に着目したのか

■低コストで拡大する仕組みの魅力
■S&P500のインデックスファンドを買う理由

第5講 株式投資のための教養

211

01 会社は金の卵を産むガチョウである …… 212
■イソップの「金の卵を産むガチョウ」
■1000個の卵を産むニワトリを1万円で買うか
■「1万円の10年後」で考える「割引現在価値」の概念
■経営者60歳の中小企業の「現在価値」
■消費者金融の利息にはリスクが織り込まれている
■将来「億り人」になりたいなら、いまいくら必要か
■なぜ複利効果をわかっていても実践できないのか

02 株式会社という偉大な発明 …… 236

■「買収」と「M&A」はずいぶん印象が違うけど……
■銀行の「経営統合」でなぜ転職者が出るのか
■上場とは会社を売ることである
■「株式会社」は世界最大の発明の一つ
■コロンブスは資金調達の名人だった？

03 **分散投資と投資信託** …… 251

■「卵を一つの籠に盛るな」はどういう意味か
■輸出会社と輸入会社、両方買っておけばリターンは出やすくなる
■投資は「いい加減」がベスト
■20銘柄持てばリスクは減らせる

COLUMN **勉強ができることと仕事ができることの違い** …… 264

第6講 父さんのしくじり―後悔と反省 267

01 借金で投資は絶対にしてはいけない 268
- 「信用取引」という仕組み
- 元手の1000倍の取引ができる金融商品も
- 大損はお金を失う以上のロスがある

02 あの時こうしておけば…… 278
- 株式投資は「タラ・レバ」の連続だ
- 頭脳とカネのある企業は未来を実現してしまう
- 悲観的な考えは投資に役に立たない

COLUMN 起業するか、会社で出世するか 293

第7講 いざ、実践。 297

01 ドルコスト平均法でインデックスファンドを買うべし 298
■投資初心者の最初のステップ

02 個別銘柄にバーチャルで投資する 310
■練習メニューとしての株式投資シミュレーション

03 お金を儲けてどうするのか 315
■お金を生むものにお金を使うのが本当の事業家
■投資とは人類の可能性に賭けるということ

おわりに 323

文庫版のためのあとがき 329

本文イラスト・福士陽香

登場人物紹介

【 父さん 】
サラリーマンを経て、現在は会社経営者。
投資歴20年目。株ではいろいろと痛い目にもあった。

【 竹二 】
高校2年生の次男。
野球に打ち込みすぎて受験勉強が心配。

【 梅三 】
中学3年生の三男。
昼間は野球、夜は自作PCで友人とオンラインゲームの毎日。

【 まつ 】
山崎家の愛犬。
飼い主に似てお金の話に鼻が利く。

第1講

投資をすればお金が増える？

父　これから毎週日曜日の夜に1時間、株式投資講座をやっていきます。よろしくお願いします。

竹二、梅三　はい、よろしくお願いしまーす。

父　今日はイントロダクションということで、短くいきます。まず二人に伝えたいことは、一見、株式投資はすごく簡単にできるってこと。誰でもできる。いますぐオンラインの証券会社に口座申し込み手続きをすれば、1週間後にはもう始められる。未成年であっても親の承諾があれば口座を開くことができる。

竹二　小学生でも？

父　小学生どころか、0歳児でも口座は開ける。まあこの場合は親が全部管理するんだけどね。だから、君たちは何の問題もなく口座を作れる。口座を作ったら銀行口座から証券口座にお金を移して、株を買ったり売ったりする。一言で言えばそれだけだ。ゲームのサインアップと同じくらい、めっちゃ簡単なんだよ。

梅三　じゃ、いまから申し込み手続き一緒にやるの？

父　いや、今日はやらない。用意した内容が全部終わった後も口座開設の申し込みするかどうかはわからない。それは君らがどれくらいこれから話すことを理解できるかしだいだね。

竹二　でも、簡単なんでしょ。

父　そう。簡単。でも簡単なことほど奥が深い。俺たちができることは株式市場で売り買いが可能な会社の株、これを銘柄って言うんだけど、銘柄を選んで買う。その銘柄は上がるか下がるか、この2種類しかない。そして俺たちはどこかのタイミングで売る。株は上がるか下がるしかなく、俺らは買うか売るかのどちらかしかできない。

梅三　ゲームの『太鼓の達人』みたい。

父　え、どういうこと？

梅三　「ドン」と「カン」しかない。

父　そう（笑）。それくらいシンプル。さらに俺らが得る結果もたったの2種類。買った時より高い値段で売れればお金は増えるし、買った時よりも安い値段で売れればお金は減る。お金が増えれば勝ちだし、減れば負け。

■株は「負ける人」の方が多い?

竹二 ってことはさ、勝ち負けは半々になるってこと? そうだとしたら回数を重ねると結果はプラマイゼロだよね。だったらやってもやらなくても一緒じゃん。

梅三 何でそうなるの?

竹二 勝ち負けの確率が半々ってことはさ、コイン投げと同じじゃん。コインをトスすると裏か表のどちらかが2分の1の確率で出る。3回連続で同じ面が出ることもあれば、10回連続出ることもある。でも連続して同じ面が出る確率は回数が増えるほど少なくなっていく。

父 3回連続で同じ面が出る確率は、2分の1の3乗で8分の1、10回連続は1024分の1だね。梅三、これ、わかる?

梅三 わかる。

竹二 逆の面が連続して出る確率も同じ。だからコイン投げをたくさんの回数こなすと確率は2分の1に近づく。だからコインの裏表どっちかが出る方にお金を賭けるゲームがあるとすると、途中で勝ったり負けたりはするけど、結局プラスマイナスはゼロになるってこと。父さん、合ってる?

父　そう、合ってる。これ「丁半博打」っていうよ。

竹二　何、それ?

父　サイコロを二つ入れた茶碗を振って、ゴザの上に伏せて置く。その出目の和が、丁(偶数)か、半(奇数)かを予想する賭け事。

梅三　ああ、漫画の『カイジ』に出てきたな。父さん、やったことある?

父　ない。時代劇でやくざ者がやってるシーンをテレビで見たことがあるくらい。話を戻すと、株の値動きは短期間で見れば上がるか下がるかは2分の1だ。だから結果は丁半博打と同じでプラマイゼロになる。厳密に言えば株式の売買には手数料がかかるから、その分だけマイナスになる。ちなみに丁半博打も「胴元」と呼ばれる運営者に手数料を払わないといけないから、長期的には胴元しか勝てないんだけどね。

竹二　だったらやる意味ないじゃん。

父　それどころか、手数料を無視したとしても、実際のところ株は負ける人の方が多いというデータもあるんだよ。ある※1証券会社の調べでは、通算で損をしている人が全体の6割以上で、プラスの人は1割しかいないらしい。ただしこれは2015年の調査データで、調査する時期によって変わってくると思うけどね。そう考えれば、プラマイゼロで済んでいる人は平均よりも優秀とも言える。

梅三 マジで？　何でそうなるの？

父 これが株式投資の奥深いところなんだよね。一番の理由は、最初に言ったように株式投資は手続き的にはものすごく簡単だからだと父さんは思うね。口座は誰でもすぐに作れるし、クリック一つで株は買える。お金が数えられて、字が読めて、四則演算ができてれば、特別な知識がなくてもできる。

■株は誰でもできる。だから株式市場は恐ろしい

竹二 1カ月で10％増えました、みたいな動画見たことある。

梅三 俺は1週間で50万円が200万円に増えた、ってのを見た。

父 そう。ラッキーパンチがあるんだよ。ファンドマネジャーが真剣に選んだ株と、サルがダーツを投げて適当に選んだ株を長期投資した結果サルが勝った、という調査[※2]もある。でも株式市場って実は恐ろしいところでさ、プロも素人も同じリング上で

戦ってるんだよ。何の知識もスキルもなくリングに上がったらヘビー級ボクサーからのジャブ一発で失神しちゃう。たまたまド素人の相手が勝つときもあるけど、まあ基本負けるわな。

梅三 確かに。

竹二 無差別級のバトルだね。

父 だから知識と経験が必要なんだ。野球やるならまずバッティングセンターで練習するでしょ。するとそのうち当たるようになる。でも打席に立つと打てない。

竹二 生きた球だし。

梅三 ストライクだけが来るわけじゃないし、変化球もあるしね。

父 プレッシャーもあるよね。ここは絶対に打たなきゃって思うと、打てない。

竹二 確かに。

父 何を隠そう、父さんも長い間ずっと負け組だった。年間を通じてプラスが出るようになったのは、この8年くらい。

竹二 ホント?

父 ああ。だいぶ負けた。だから、どうすれば負けるかはよーく知ってる。いまのところはプラスになってるけど、この先もプラスであり続ける自信は、正直全くない。

竹二　じゃあ、何でやるの？　負けたらお金なくなっちゃうじゃん。

■日本人の半分は株式投資をしていない

父　もちろん、株式投資に手を出さない人生もある。実際にそういう人が大半だしね。事実、2023年のデータでは、日本人の実に半分は株式投資をしていない。※3

竹二　岸田総理になってからニュースで「貯蓄から投資へ」とかよく聞いたけど、実際はそんなもんなんだね。

父　中には株式投資に回すお金がないからできないという人ももちろんいるのだけど、貯金を全部現金で持っているような人も多い。だからこの講座を聞いた後、やっぱり株なんかやるべきではないと結論付けたとしても、それは一つの考え方だ。尊重するよ。

だけど父さんが株式投資をやる理由は、可能性を追求したいからだよ。一つは自分自身の可能性の追求。例えば二人とも野球やってるけど、プロ野球選手になって稼ぎたいと思ってやってる？

竹二　いや、俺は絶対それは無理。

梅三　うーん、わからない。

父　前にも話したけど、プロ野球選手になるのはものすごく確率が低い。ドラフトを経てプロ野球選手になれるのは毎年100人ぐらい。なったとしても一軍の試合に出られるのは12球団で300人程度しかいないでしょ、すべての年齢の選手合わせて。野球やるのはそれなりにお金かかるけど、「プロ野球選手になる見込みはないからお金の無駄」かっていうと、そういうわけじゃない。父さんは一度も野球をやれなんて強制したことはないから、二人とも好きで楽しいからやってる、ってことでしょ。

竹二・梅三　そう。

父　楽しいってのは、チャンスで打てたり、三振取れたり、試合に勝てたりとかで、いままでできなかったことができるようになるから、ってのはあるよね。

梅三　まさに。それが楽しい。

父　勉強だって同じだよね。大学に入ったら幸せになるわけでもないし、大学出て就職したら必ず稼げるわけでもないのは、君らでも想像がつくと思う。でも、先のことは確約されていないから勉強はしない、って理屈は通らないでしょ。絶対に成功するかはわからないけど、その可能性に期待して、一つひとつわかること、できることを増やしていくわけじゃない？

竹二　まあ、そうかな……。

父　父さんにとっても株式投資は同じ。もちろん自分の可能性に賭けている一番の対象は仕事なんだけどね。できれば株式投資でも勝ち組に入りたい。その方法はあるはずだと信じてコツコツ実践と勉強を続けてる。父さんがいつも言ってることよ。「できると思えばできる、できないと思えばできない」

梅三　あきらめたらそこで試合終了、ってやつね。

竹二　スラムダンクか！

父　そうそう。自分の可能性を追求したいのが理由の一つ。もう一つの理由はね、父さんは人類の可能性に賭けてる。ちょっと大げさな言い方だけど、まじめな話。いま地球上で人類は最強の生物になったけど、その過程でいろんな試練を乗り越えてきた。肉体的には取るに足らないちっぽけな生き物が、火を使う方法を見つけ、土器、鉄器を発明し、農業革命、産業革命を起こした。数々の自然災害や感染症を乗り越え、大きな戦争を通じて学び、いまではものすごく豊かになった。

こうなった理由は、宗教、政治、科学技術などによるところが大きいんだけど、根底にあるのは、すべての人はいまよりも明日を良くしたいと考えている、つまり希望を持っているからだと、父さんは思うのね。そのうちの一定割合の人は希望に近づくために具体的な行動を起こす。すると新しいモノ・コトが生まれ、経済が発展する。人類が存続する限りこれが続くと思ってる。だから株式投資をするんだ。

竹二 最後のところはちょっとわかんないんだけど……。

父 それはこれからじっくり説明していくよ。でも今日のところはイメージをつかんでもらうためにこんな図表を用意した（次ページ図表1）。

■日本株は70数年で190倍になっている

父 これは過去約70年間の日経平均の推移。**日経平均とは、日本を代表する225社の平均株価**[※4]のことだ。

竹二 日経平均っていえば、前に、4万円を突破してバブル期を超えたって騒がれてたね。

父 そう、日経平均の推移を見ると日本の株式市場全体の大まかな値動きを把握で

図表1　日経平均、70年の歩み

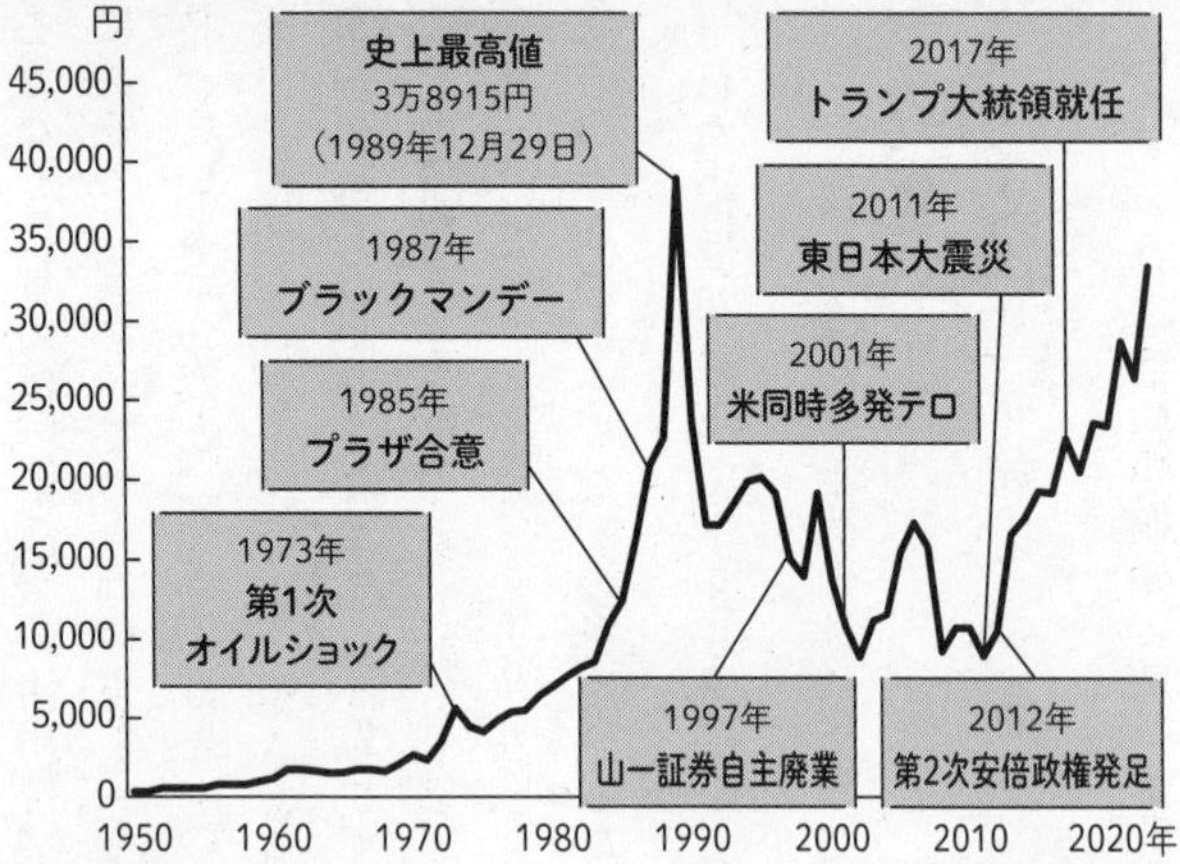

※各年の終値ベース
出所：日本経済新聞電子版 2020年9月7日「『古希』迎えた日経平均 戦後経済史を映し出す」

きる。横軸が年、縦軸は日経平均の値ね。１９８９年以降下がっていって、２０１２年から上昇に転じているのがわかると思う。

竹二　89年は、バブル崩壊ってやつ？

父　そう。それ以降ずいぶん長い間日本経済は低迷していて、株式市場も活気がなかった。でももう少し長期で見てみよう。日経平均という値の算出が始まったのは、１９５０年のこと。70年の歴史があるんだね。１９５０年の日経平均は１７６円21銭だったと記録されている。それで、23年の終値は３万３４６４円だ。ってことは何倍になった？

梅三　だいたい１９０倍。

父　さすが暗算三段。計算速いね。これが何を意味してるかっていうと、もし１９５０年に１万円分の株を買ってずっと持ち続けてたらいま１９０万円になってるってことだ。

梅三　大金じゃん。

父　そう、大金。まあ、物価[※5]がその間約9倍に上がってるから、その分を割り引いても20倍強になってる。１万円が20万円になるイメージだね。１９５０年からいままで日本経済は平均すると成長してきた。物価は約9倍になって、ＧＤＰ（国内総生産のこと。一定期間内に国内で新たに生み出されたモノやサービスの付加価値額を集計したもの）も20倍以上[※6]になった。だけど株価の伸び率の方が１９０倍と圧倒的に高い。

竹二　俺の生まれた年はいくらだったの？

父　03年の終値は１万６７６円64銭ってあるね。

竹二　ってことは……、3倍強か。

父　そう。１万円が3万円強になってるね。

梅三　俺の生まれた05年は？

父　1万6111円43銭。

梅三　2倍か。竹二よりちょっと少ないけど、それでも増えてるね。

父　ちょうど二人が生まれた年あたりは昭和のバブル崩壊直前に最高値を付けて以降、一番株価が低迷していた時期だからね。

梅三　そのころ父さん株やってた？

父　その話は次回以降第4講と第6講でやる予定。

梅三　なんか面白そう。じゃあ俺もいま始めると、15年後には2倍とか3倍になってるかもってこと？

父　その通り。もっと増えてるかもしれないし、そんなに増えないかもしれない。場合によっては減っちゃうかもしれない。

竹二　そうだよね。だって89年に始めた人が俺の生まれた年に株やめたら4分の1くらいになっちゃってるってことでしょ。

父　そうなんだよ。だからリスクがある。でも日経平均が下がっている中でも個別の株では上がっているものもあったし、そもそも株式投資の対象は日本株だけじゃない。

■アメリカ株は120年で600倍以上に

父　じゃあ、次にアメリカの株を見てみようか。これはNYダウ平均の超長期チャート（次ページ図表2）。NYダウ平均は、日経平均のアメリカ版といまの時点では理解すればいい。

竹二　これもずっと伸びてるね。

父　そうだね。120年で見ると600倍以上にもなっている。それよりも89年以降を見てみてよ。

竹二　一時的に下がってるけど……、ずっと上がってる。

父　そうなんだ。だから日本のバブル崩壊以降、目利きの株式投資家は日本市場じゃなくてアメリカとか外国の市場に移ったんだと思うよ。父さんはまだ学生だったし、株のことは全く考えたこともなかったから、実体験はないのだけれど。

竹二　でも66年から85年くらいまではずっとアメリカ株停滞してる。

父　その時期はちょうど「ジャパン・アズ・ナンバーワン」なんて言われてた時代

図表2　NYダウの超長期チャート

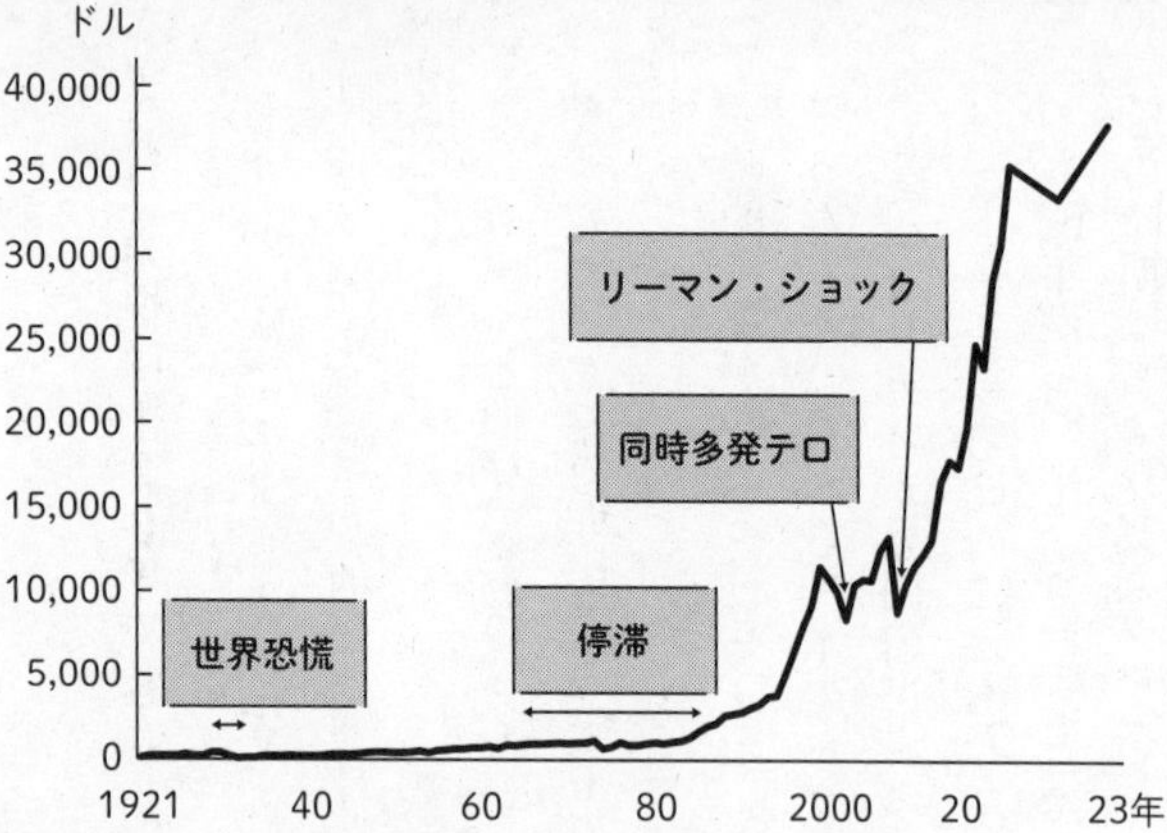

出所：著者作成。1992年以降は各年12月1日の終値をもとに年次データを作成

で、日本が高度成長期からバブルに突入する時期には、特に製造業がアメリカ市場を席巻した。日本の会社がNYのロックフェラーセンターを買ったりしてた時期でもある。

竹二　良かったり、悪かったりするんだね。

父　株式市場は**過去70年間の平均を見れば日本もアメリカも伸びている。**これはね、地中に埋もれた資源を利用して人々が工夫と努力を重ねて新しいものを生み出して、それをたくさんの人たちが使うようになった結果なんだよ。もちろんその過程でビジネスの戦いに負ける人もいるけど、中には再起を果たす人もいる。この人類の営みは、人間が人間であり続ける以上、これからもずっと続くはずだ。もちろん天然資源があることが前提なんだけれど、そうならば株式市場も伸びるから、**株式投資をすれば自分のお金が増える。**これが、父さんがさっき言った人類の可能性に賭ける、って言ったことの意味なんだよ。

まとめ

■ 投資は誰でもすぐにスタートできる。オンラインの証券会社に口座申し込み手続きをすれば、1週間後には始められる。一方で、日本人の半分は株式投資をしていない。

■ 日経平均はこの70数年で190倍、アメリカNYダウは120年で約600倍になっている。これは人々の努力と工夫の結果であり、これらの営みは今後も人類が存続する限りずっと続いていく。

■ 投資とは、人類の可能性に賭ける、ということ。

※1　野村證券の「ノムラ個人投資家サーベイ（2015年10月号）」によると、個人投資家1000人を対象とした投資動向調査で、通算で利益あるいは含み益となっている個人投資家は、全体の9・3%で、29・1%が損得ゼロ、損失あるいは含み損となっているのは61・6%だったことが判明している。

※2　『ウォール街のランダム・ウォーカー』（バートン・マルキール著、井手正介訳、日本経済新聞出版）

※3　「フィデリティ・ビジネスパーソン1万人アンケート2023年」

※4　詳しくはこちらを参照。https://indexes.nikkei.co.jp/nkave/index/profile?idx=nk225

※5　http://www.garbagenews.net/archives/2064125.html

※6　1950年の日本のGDPは160966百万ドル（1990年の国際米ドルベース※1＄＝160円）

02

「株価」って結局、何のこと？

■「お金を貸す」と「投資する」は何が違うのか

父　お金を貸すことと投資することの違いについて説明するところから始めよう。

例えば父さんの会社が誰かから100万円借りたとする。そうしたら会社は約束した利息を乗せて必ず返さなければならない。[※1]必ず、だ。

一方父さんの会社が100万円分の株式を発行して、誰かにその株を買ってもらったとする。どちらの場合も父さんの会社の銀行口座は100万円増えている。そして父さんはその100万円を元手に商売を頑張る。でも何年か後に失敗してゼロになっちゃったとする。その場合、投資してくれた相手には「ごめんなさい」と謝るだけでいい。そうしたら相手は「残念だったな」と言う。それで終わり。

梅三　えー！　投資ってお金をあげちゃうってこと？

父　そんな甘い話はないよ。いまのは単純化した話であって、もちろん失敗したら誠心誠意謝るし、土下座だってするかもしれない。お金を出した人は聞くに堪えない罵声を浴びせるかもしれないし、金返せと脅してくるかも。でも法的には返さなくていいんだ。その結果人間関係が壊れるかもしれない。でもうまく行けば100万円が1億円になるかもしれないし、毎年配当金をもらえるかもしれない。投資家はそれに期待してその会社の株を買うっていうことなんだ。

竹二　何倍にもなる可能性があるから、最悪ゼロも受け入れるってこと？

父　例えば竹二が将来のビル・ゲイツだったとする。いまのところその気配はないけど※2(笑)。「何かビジネスをやりたいからお金を貸してくれ」って言われても、父さんは絶対に貸さない。でも「投資してくれ」って言われたら投資する。もちろん事業計画書を評価した上でね。お金を貸したら、失敗しても地獄の底まで追いかけなきゃならないけど、投資なら「残念だったな、次頑張れよ」でおしまいだから。

竹二　地獄の底まで追いかけるくらいだから、めちゃ怒られそう。

父　そりゃ怒るくらいはするわな。でも仮にだよ、ビル・ゲイツがマイクロソフト始めた頃に1％でも株を持たせてもらってたとして、今日まで全く売らずに持ち続けていたら、株式の価値だけで1・7兆円になってる。さらに配当金も入れたら、とんでもない資産を持っていることになるんだよ。

竹二 俺、途中で絶対売っちゃいそう。

父 それはたぶん父さんも同じ。そんなに我慢できる自信はないな。話を戻すと、非上場株を買うのはいまの君らには現実的ではないから、上場株を買うしかない。魅力的な会社が上場したら、通常は新しく株式を発行するし、もともとその会社の株を持っていた投資家の一部は売る。それを買って、長い目で見て価値が上がれば嬉しい。上は青天井だけど、下はゼロ以下にはならない。だから最悪ゼロも許容できる金額の範囲で、成長しそうな株に投資すると嬉しい結果が得られるかもしれない、ってことなんだ。

■「買える株」と「買えない株」がある

父 ちなみに俺たちが買える株は基本的には上場《じょうじょう》している株。

竹二 上場企業って言葉は聞いたことがある。

父 株式会社には、上場企業と、非上場企業の2種類がある。非上場企業の株は相《あい》対《たい》取引でしか買えない。

竹二　相対取引って？

父　顔と名前がわかっている相手と直接売買行為を行うこと。一方で上場企業の株は証券市場で流通している。市場で流通しているというのは、フリマを思い浮かべてもらえばいい。売りたい人はそこに行って自分の持ち物を売り、買いたい人はそこで欲しいものがあれば買う。そういう行為が行われている場所を、「市場」と呼ぶ。

竹二　証券市場っていうのは、株を持っている人と欲しい人が売り買いをする場所、って理解でいい？

父　その通り。企業が上場するということは、その会社の株を誰でも買えるようにするということ。日本語では新規上場、英語ではＩＰＯという。Initial Public Offering の頭文字をとったもの。直訳すると最初の公衆への売り出しという意味だね。

竹二　非公開株はコネとかで買えないの？

父　相手が売ることに合意すれば買えるよ。基本的にすべてのビジネスは売買可能なんだよ。例えば近所の店のオーナーがもう高齢で引退したいと考えているとする。

その店は竹二も好きな店で、お客が付いていて儲かっているように見えるから、竹二がこの会社をやりたいと考えた。そうであれば、竹二は店のオーナーと交渉することは可能だ。合意できる金額に達して、竹二がそのお金を用意できれば、店は竹二のものとなる。

竹二　そうなんだ。

父　父さんも非公開会社の株をいくつか持ってるし、父さんの会社の株の一部は他の人が持ってる。過去には非公開のまま会社の株を全部売ったことが2回ある。これは「事業売却」って呼ぶ取引だ。

竹二　それは上場とは違うの？

父　自分が経営する会社の株を第三者に売る、という点では同じだけど、非公開企業の事業売却は、さっき言った相対取引で、上場というのは広く一般に売るという違いがある。この話は第5講で詳しく話すことにするね。

■「株価が高い」と「会社の価値が高い」はイコールか

父　次に株の値段について考えてみよう。例えばある会社の株価がいま1000円だとする。それは何で1000円という値段が付いているのか？

梅三 一番安いお札だから？

竹二 大喜利かよ！

梅三 だって全然わからないもん。上場してる株の平均？

父 だいぶ遠いね。

竹二 どっかで、株価は会社の価値で決まるって見たことがある。

父 おお、いきなり正解！ **ある時点での会社の価値のことを「時価総額」**と呼ぶ。時価とは魚市場のマグロの値段みたいに、その時々で値段が変わるってことだね。**時価総額を発行済み株式数で割ると、一株あたりの値段が出てくる。**

例えばA社の時価総額が100億円で、発行済み株式数が1億株だとすると一株の値段は100円。同じ時価総額100億円のB社が1000万株発行しているとすると、一株の値段は1000円。じゃ、その100円は安いの？ 1000円だと高いの？ A社の株価はB社の株価より安いの？

竹二 どっちが高いとも安いとも言えない。値段は違うけど価値は同じ。

父 そうなんだ。では日本の自動車製造会社を見てみよう。ここに日本の主要な自

図表3　主要自動車メーカーの2024年3月15日の株価
※終値時点

銘柄コード	会社名	株価	時価総額（百万円）	発行済株式数（百万）	株価／対トヨタ	時価総額／トヨタ
7203	**トヨタ自動車**	3,488	56,906,676	16,314	100.00%	100.00%
7267	**ホンダ**	1,782	9,411,600	5,280	51.10%	16.50%
7269	**スズキ**	6,160	3,025,463	491	176.60%	5.31%
7270	**SUBARU**	3,169	2,389,114	753	90.80%	4.19%
7201	**日産自動車**	581	2,332,050	4,009	16.60%	4.09%

出所：著者作成。「日経会社情報DIGITAL」2024年3月15日データ参照

動車メーカーの株価情報を並べた表を用意した（図表3）。各社の情報は時価総額の大きさの順で並んでいる。ここで右側二つの列を見比べてもらいたい。例えば時価総額が二番目に大きいホンダの株価は、トヨタ自動車の約半分だけれども、時価総額は約6分の1だ。もっと差が大きいところで言うとスズキ。これはどう、竹二？

竹二　スズキの株価は6160円とトヨタの約1・76倍だけど、時価総額は5・31%になっている。

父　そうだね。その下のSUBARUはどう、梅三？

梅三　SUBARUの株価は3169円とトヨタの約90%だけど、時価総額は4・19%しかない。

父　そう。だからスズキの株価はトヨタの約半分だ、という話をしても意味がないんだよね。見なきゃいけ

ないのは時価総額、その時点での企業価値なんだね。

■株の価格は「利益の何年分か」で決まる？

父　じゃ、企業価値って何だろう？

竹二　人がその会社のことをどれくらい良いと思っているか、かな。

父　それは「山田君は良いやつだ、田中さんはイマイチだ」みたいな話に聞こえるなあ。企業価値は数字だから、数字で表せる表現で答える必要があるね。

梅三　売上の大きさ？

父　売上は近いようで遠い。実は売上を増やすのは理屈上はすごくカンタン。

梅三　たくさん作って売ればいいから？

父　いや、そうじゃない。ただ売上の数字だけ作ろうと思ったら、100円で仕入れたものを50円で売ればいい。そうすれば無限に売上を作ることができる。でもその代わり、無限に赤字になるから現実的には誰もやらないし、できない。なぜかと言えば、俺たちは100円で仕入れたものを120円、150円、200円、1000円で売ろうとしてる。つまり俺らが欲しいものは？

梅三　利益。

父　その通り！　売上と利益の違いを説明すると、100円で仕入れたものを120円で売ると、120円が売上で、20円が利益ということになるね。できるだけ安く買って、できるだけ高く売る。それをたくさんの人に対して行うのが会社の根本だ。だから**会社にとっては利益が一番大事**。

梅三　ぼろ儲けしろってことか。

父　なかなかぼろ儲けは難しいけどね。でもぼろ儲けしている会社の株価は高くて、そうでない会社の株価は低い。さっきの質問に対する答えは、**会社の時価総額は、利益の何年分かで決まる**。一般論としては年間の利益の10から50倍。中には1000倍で評価されている会社もある。

竹二　何で利益の何年分かが企業価値になるの？

父　その質問には改めて答えることにする（第5講参照）。いまの段階では、株価は利益の何年分かで決まると覚えておいて欲しい。利益の何年分がその会社の株価を決めるにあたってふさわしいかは市場が決める。市場が決めるというのは、たくさんの人の意見が集約されて決まる、という意味だ。

例えば前年の利益が1億円だった会社があるとする。ある人はこの会社の価値は10倍の10億円が妥当だと考えている。その一方でこの会社の利益はこの先もっと増えるから、50倍の50億円でもいいと思う人もいる。そうした人たち、市場参加者と呼ぶんだけれども、市場参加者の意見はどこかに落ち着くものなんだ。前年の利益1億円は事実として既に確定している。でも来年は1億かもしれないし2億かもしれない。いや半分かもしれない。いろんな予想が集まると、どこかに落ち着くべきところに落ち着く。それが時価総額となる。そして**時価総額を発行済み株式数で割ったのが株価、**というわけだ。

竹二 なら、俺がさっき言った、どれくらいその会社が良いと思ってるか、って答えは近いじゃない。

父 なるほど、そういう意味で「良い」って言ったのね。

竹二 そう。どれくらい期待しているかってこと。

■不祥事で株価が下がる企業、下がらない企業

父 厳密に言えば、**どれくらい将来の利益が成長すると期待しているか、これに**

よって株価は決まるってことだ。

株価が上がるってことは、この会社はもっと利益の額が増えると市場参加者が考えているということで、株価が下がる場合はその逆だね。実は市場参加者は、過去はあんまり気にしない。興味があるのは将来なんだ。もちろん過去は将来に影響を与えるよ。でもここ10数年だけでも震災、津波、ブレグジット、トランプ大統領誕生、新型コロナウイルスの感染拡大なんかがあって、世の中の前提条件がころころ変わっちゃう。前提条件が変わると対応を迫られるんだけど、その対応方法は会社によってまちまちだ。

竹二　そうだよね。緊急事態宣言でも俺の学校は部活がなくなっただけで普通に学校行ってたけど、梅三はオンラインになったもんな。

梅三　学校行ったのは週2でしかも半日だけ。オンライン授業は結構しんどいよ。

父　学校だっていろんな対応があるからね。例えば来日観光客が伸びていて、オリンピックもあってもっと増えるだろうと予測して、飲食店や宿泊施設の株を18年頃から持ってたとするじゃない。でもコロナ禍で株価が下がっちゃった、みたいなことは長い歴史を見ればそれほど珍しいことではないんだ。だから過去の実績や傾向は絶対的に頼れるものではないし、過去に行った予測もあてにならない。

梅三　不祥事とかもあるよね。ビッグモーターとか一時期大炎上してたよね。

父　そういうのもあるよね。ビッグモーターは上場企業ではなかったし、不祥事というよりも不正と言うほうが正しいかもしれないけれど、経営陣の不祥事ってのはよくある話だね。でもトップのスキャンダルがあっても、それがその会社の将来の利益に影響がないと判断されれば、株価には影響を与えない。

竹二　ちょっと前にENEOSグループでセクハラが発覚して、えらい人が次々辞めた騒動があったよね。

父　そうだね。でもENEOSの株価は影響受けてない。もちろんこのスキャンダルで会社のイメージは悪化したり、社会的にいろんな問題はあるのだけれど、ENEOSの将来の利益とは関係がないと市場が判断したわけだ。いずれにしても会社に将来性がないとみなされたらすぐに売られちゃう。何しろ利益を増やすだろうなという期待に基づいて値段が付いているからね。株式市場とはそういう場所なんだ。

■これから伸びる小さい会社と大企業、どちらが狙い目？

竹二 やっぱりこれから成長すると思う小さい会社の株を買うのがいいのかな。

父 うまく行けばそれが一番なんだけど、小さい会社はうまくいかないことの方が多い。株価が100倍になることもあればゼロになることもある。一方で大きい会社は安定しているけど、大きく伸ばすのは難しい。例えばトヨタ自動車を例に考えよう。24年3月期の売上は45兆円で利益は約5兆円。株価が倍になることを期待しようと思ったら、利益が倍にならないといけない。

竹二 ということは売上も倍にならないといけない。

父 売上に関しては必ずしもそうではないけれど、※3 話をシンプルにするためにそう仮定してみよう。トヨタは年間で約1000万台車を売っている。世界中で一番たくさん車を作って売ってる会社だ。その会社が2倍作って売るって結構大変。

竹二 世界中で販売される車の数とか、これから車を買う人が増えるのかどうかとか、いろんなことを予測すればできるかどうかわかるかな。

父 そうだね。まあでも直感的に大変なのはわかると思う。既に大きな会社の時価総額が2倍になるのはかなり大変。例えばさ、健康を維持しながら父さんの体重を倍にするのは結構難しいよ。でもさ、君ら生まれてきたとき3キロとか4キロとかじゃん。でもいまは60キロ超えてるでしょ。15倍から20倍になってる。

梅三　確かに。

父　それと同じで小さい会社に投資するのは魅力があるよ。どんなビジネスも生まれたら成長して、安定期を経て衰退していく。大きな会社は安定しているように見えるけど、中味を細かく見ればいろんなビジネスがあって、草創期、成長期、安定期、衰退期のものが組み合わさっているんだ。

梅三　どういうこと？

父　例えば任天堂を考えてみよう。創業期は花札を作って売ってる会社だった。ちなみに任天堂は「運を天に任せる」って意味。そのうちゲーム＆ウオッチが大当たりして、ファミコン、DS、Ｗｉｉ、Ｓｗｉｔｃｈと続いてきた。その一つ一つの製品や、ゲームのタイプを「ビジネス」の1単位と考えてもらうとイメージしやすいかな。任天堂みたいな大きい会社はいろんなビジネスを組み合わせているだけでなく、常に新陳代謝している。自社の花形商品を自らぶっ壊しちゃうような新商品を出してくる。だから人間とは違って企業は長続きするんだね。言ってみれば「ビジネス」は必ず衰退するけど、企業は永遠に生きる可能性がある、ってことかな。

いずれにしても投資家を目指す俺たちは、**利益が成長しそうな会社を見つけないといけない**ということはわかってもらえたかな。

竹二・梅三 はい。

父 じゃ、今回はこの辺で。次はどうやって成長しそうな状況にある会社を見つけるかを考えていこう。ちなみに、今回は宿題はなし。

竹二 え、宿題出るの？ 宿題は嫌だなぁ……。

まとめ

- お金を貸すことと、投資することとの違いを理解すること。お金は貸したら返してもらう権利があるが、利益は利息分のみ。投資は返してもらう権利はないが、利益は青天井である。
- 一株あたりの値段を見てその株価の高い、安いを比べても意味がない。時価総額で比較する必要がある。

■株価は企業が生み出す利益と、それの将来の伸びの期待によって決まる。

■小さな会社は急激に利益を伸ばす可能性があるが不安定、大きな会社は急に利益は増えないが、安定している。

■全てのビジネスには栄枯盛衰がある。成長する企業は上手にビジネスの新陳代謝を図り、企業体としては成長していく。

■投資家の主な活動は利益が成長しそうな会社を見つけること。

※1 厳密に言えば、借金の減免交渉、最終的には倒産等の手段もある。個人であれば自己破産という手段がある。

※2 ビル・ゲイツは高校時代に学友たちと「レイクサイド・プログラマーズ・グループ」を結成。彼らはコンピューターの利用資金を稼ぐためにプログラムを開発し、一夏で5000ドル（当時のレートで約160万円相当）を稼いだ。また、授業のスケジュールをプログラムする夏の短期バイトで自分を女の子ばかりのクラスに入るように仕組んだ。

※3 P97の損益分岐点の解説を参照。

COLUMN

勉強をすることのほんとうの意味って？

こと大学受験の勉強に限って言えば、そこで学んだ内容が将来就く仕事でそのまま役に立つことは正直ほとんどない。中学高校の教員、予備校の講師、出版社の教材開発担当者など、仕事によって部分的に役に立つこともある、というくらいだ。

どうして現代の社会で勉強が重視されるかというと、**ひとつは「皆と同じことができる」人が多いと、社会の運営が効率的になる**から。「効率的」の意味は、少ない労力やお金で結果を出せること。日本人は皆日本語が読めるから交通標識で迷わないし、四則演算ができるから買い物はスムーズになる。だから君らも「皆と同じことができる」日本人のおかげで恩恵を受けてるし、同時に君らも社会に貢献していると言える。逆に皆が同じことができないせいで非効率が発生する例には、世代間でPCやスマホの利用スキルに差があることで、行政サービスのデジタル化が進まない、というのがある。どうしても電話で会話しないと理解できない世代のために、コールセンターを用意しなきゃなんない。これは無駄だという意見もあるけれど、そこで働く人の雇用創出になっている面もある。それも含めて無駄だと言うなら全国民のＩＴ機器利用スキルを一定水準以上にする施策が必要だけど、お金がかかるし、義務化するには法制化が難航するはずだ。インクルーシブな社会というのはきこえはいいけれど、莫大なお金がかかる。日本は教育水準のベースが高いから先進諸国よりも効率的だけどね。

社会で勉強が重視されるもう一つの理由は、**「できないことができるようになること」が大事**だから。文章が要約できるようになった、二次方程式が解けるようになった、聞いたことのある英語の歌の歌詞の意味がわかった……。学校の勉強を通じてできないことができるようになっていくよね。この過程が大事だ。経験のない状況に直面したときに役に立つ。例えば新型コロナウイルスのパンデミックが起きているというニュースを耳にする。勉強で鍛えられた問題解決能力があれば、少なくとも自分が個人として何をすればよいかは理解できる。人間関係がうまくいかないときでも、原因を考え、適切な情報に当たり、行動を変えていけば解決できる。

それから学校ではいろんな科目を勉強するよね。問題解決には多面的なアプローチが必要だからだ。こんな小話がある。

『詩人、物理学者、数学者、哲学者、生物学者がスコットランドを走る列車に乗っていた時、一同は車窓から一頭の黒い羊が牧場に立っているのを目にした。詩人「スコットランドの羊は毛が黒いんですね」。物理学者「いや、スコットランドには黒い羊が少なくとも一頭いる」。数学者「いや、少なくとも一頭、少なくとも片側が黒く見える羊がいる」。哲学者「羊とは何か？　黒いとはどういう状態か？　そもそも、目の前の現実は正しいのか？　待てよ、現実って何だ？　正しいとはいかなることか？」。生物学者「じゃあ確認してくる」。そう言って車窓から飛び降りた』

こんな風に学校で習う科目はそれぞれ頭の使い方が違うでしょ。だからいろんなアプローチでの問題解決ができる訓練になる。

というわけで、いま勉強している内容そのものは将来の仕事に直接役に立つわけではない。世の中のほとんどの仕事はＩＱ１００あれば十分こなせる。だけど勉強の過程で習得したスキルアップの方法や問題解決能力、これこそが将来役に立つ。

えっ、結果が出るのがだいぶ先だから、いま勉強するモチベーションにはならないって？　うーん、父さんとしては待つしかないかな。内側からモチベーションが湧き上がってくるのをね。親も忍耐力が要るのよ。株式投資と全く同じだね。

第2講

どんな会社に投資するといい？

01 日米の時価総額ランキングを見てみよう

日本の時価総額ベスト10企業から見えること

父 前回、株の値段は何で決まるのかについて話したよね。覚えてる？

竹二 株価は業績で決まる。

父 だいたい合ってる。より具体的には？

梅三 利益。

竹二 その会社が利益を将来どれくらい作るかを、人が予想して決まる。

父 その通り。いい感じだね。今日は投資すべき会社を検討する方法についてやっていくことにするよ。それにあたってまず二つの話をします。一つはいま大きな会社はどこか、二つ目は過去5年とか10年で成長してきた会社を見てみることにする。ところで会社の規模を測るには何を見るんだっけ？

図表4　日本の時価総額上位企業

更新：2024/3/15 15:50　　☑外国部を除く

順位	証券コード	銘柄名	時価総額（円）	現在値（円）（時刻）
1	7203	トヨタ	56,906,676,260,480	3,488 (15:00)
2	8306	三菱ＵＦＪ	18,562,086,079,140	1,504.5 (15:00)
3	6861	キーエンス	16,713,232,044,480	68,720 (15:00)
4	8035	東エレク	16,700,515,075,530	35,410 (15:00)
5	6758	ソニーG	16,477,994,629,785	13,065 (15:00)
6	9432	ＮＴＴ	16,344,332,110,200	180.5 (15:00)
7	9983	ファストリ	14,008,087,011,360	44,020 (15:00)
8	8058	三菱商	13,824,192,050,124	3,308 (15:00)
9	4063	信越化	12,948,944,027,785	6,469 (15:00)
10	9984	ＳＢＧ	12,696,348,801,510	8,637 (15:00)

出所：「日経会社情報DIGITAL」2024年3月15日終値時点データ

竹二　企業価値。

梅三　時価総額。

父　正解。では本題に入ろう。日経新聞電子版の中に、「日経会社情報ＤＩＧＩＴＡＬ」というサービスがある。これは無料で誰でも使える（一部は有料）から、これで見てみよう。まず日本の株式市場の時価総額ランキングを見てみよう。メニューから「ランキング」をクリックして、表示される「ランキング一覧」から「時価総額上位」を表示させよう（図表4）。

梅三　1位はトヨタか。

竹二　2位は銀行だね。3位のキーエンスは？

父　主に工場で使うセンサーを作って売る会社。この会社は社員の給料が高いことが有名で、20年くらいずっと年収が高い会社ランキングで上位にいる。平均で2000万円くらいもらえるらしい。

竹二　すごい！　あと、この4位の東エレクって？

父　これは東京エレクトロンの略称で、半導体製造装置のメーカーだね。それから5位がソニーグループね。

梅三　6位のNTTってドコモのこと？

父　いやドコモじゃない。携帯電話事業をやっているのはNTTドコモっていう独立した会社。でも、2020年にNTTがドコモを子会社化したから、いまはちょっとだけ正しい。NTTは固定電話とインターネットを中心とした会社。

竹二　10位のSBGって？

父　ソフトバンクグループ。銘柄名は略語で書かれていることが多いけど、それをクリックすれば詳細な情報が見られるよ。8位の三菱商は三菱商事の略称。商社というと輸入や輸出をする会社のイメージがあるけど、いろんなビジネスに投資もしている。9位の信越化学は化学メーカーでいろいろ作っているけど、半導体の製造に使うシリコンウエハーで世界シェアトップだ。

梅三　さっきから半導体がやたら出てくるね。

■ファストリとユニクロから見る持ち株会社、事業会社

竹二　7位のファストリも気になったんだけど。

父　ファーストリテイリングの略。これはね、ユニクロをやっている会社。

竹二　へぇ、そうなんだ！

父　そう。他にもジーユーとか。

梅三　ジーユーってユニクロなの？

父　いや、ジーユーがユニクロってわけじゃない。

梅三　じゃ、ファーストリテイリングとユニクロってどう違うの？

父　いい質問だな。まずはそこから説明しないといけないね。ユニクロってのはブランドの名前。そのブランドを管理して、アパレル製品を売っているのが株式会社ユ

ニクロ。株式会社ユニクロ自身は上場していなくて、その親会社[※1]であるファーストリテイリングという会社が上場している。こういう関係なんだ。ちなみにこの関係におけるファーストリテイリングは持ち株会社[※2]という。

梅三 なるほど。ジーユーも同じ？

父 そう、同じ。ジーユーは、ユニクロと同様、株式会社ジーユーという会社がジーユーブランドを管理している。ちなみにファーストリテイリング社はユニクロとジーユー以外にもいくつかアパレルのブランドを持っていて、それらを全部合わせた価値が、ファーストリテイリングの時価総額になっているんだよ。

■「単元株」は薄皮クリームパン1袋みたいなもの？

竹二 この中だと初めて聞く会社はキーエンス、東京エレクトロン、信越化学かな。

梅三 例えばトヨタの株を買おうと思ったら、ここに書かれてる3488円あれば買えるってこと？

父 そう。買える。まあ厳密にいうと株式の売買は単元株単位で行う必要がある。

梅三 単元株って何？

父　**単元株は、株式を売買する時の最低売買株数**のこと。例えばトヨタで言えば100株で1単元。24年3月15日の終値ベースで言えば3488円の100株分、合計約34万8800円あって初めて正式な株主になる。

竹二　そんな大金がないとトヨタの株は買えないのかぁ。

父　現実には証券会社が独自に単元株未満でも買える仕組みを提供している。ミニ株とか、単元未満株など呼び方はいろいろだけど。株主としての権利に少々制約があるけどね。

竹二　何で単元株とかがあるの？

父　ほら、スーパーで売ってる卵は6個とか10個パックじゃない。乱暴に言えば、管理がめんどくさいから。

梅三　薄皮クリームパンは4個入りとか、食パンは1斤とかと同じこと？

父　まあ、そういうこと。単元株は発行会社、つまり企業が1株から1000株の範囲で自由に決められる。1株単位で買える会社もたくさんあるよ。ちなみにトヨタの時価総額はいくら？

竹二　桁がすごいね。百万、千万、一億、十億……、56兆9066億円か。

父　そう。かなり大きな金額だよね。この数字覚えといてね。では、次にアメリカの株を見てみよう。

■アメリカ市場の時価総額ランキング

父　アメリカ市場の時価総額1位はどこだと思う？
梅三　アマゾン？
竹二　マイクロソフト？
梅三　GAFAMのどこかでしょ？
父　すごいねぇ梅三、GAFAMなんて知ってるんだ。
梅三　えへへ。母さんにこの前教えてもらった。
父　じゃ、実際にランキングを見てみよう（図表5）。
竹二　1位はマイクロソフトか！
梅三　メタ・プラットフォームズは、元フェイスブックだね。
父　そう、21年に社名を変えた。ちなみにインスタもこの会社が運営してる。
梅三　ってことは、トップの5つのうち4つはGAFAMだね。

図表5　アメリカの時価総額上位企業

順位	名称/ティッカー/市場	取引値（ドル）	時価総額
1	**マイクロソフト** MSFT NASDAQ	**425.22**	3,159,570,093.00千ドル
2	**アップル** AAPL NASDAQ	**173.00**	2,671,445,413.00千ドル
3	**エヌビディア** NVDA NASDAQ	**879.44**	2,198,600,000.00 千ドル
4	**アマゾン・ドット・コム** AMZN NASDAQ	**178.75**	1,856,744,406.00 千ドル
5	**メタ・プラットフォームズ** META NASDAQ	**491.83**	1,082,050,054.00 千ドル
6	**アルファベット** GOOGL NASDAQ	**143.10**	843,288,300.00千ドル
7	**アルファベット** GOOG NASDAQ	**144.34**	818,552,140.00 千ドル
8	**タイワン・セミコンダクター・マニュファクチャリング** TSM NYSE	**139.62**	724,209,805.00 千ドル
9	**イーライリリー** LLY NYSE	**760.73**	722,818,604.00千ドル
10	**ノボ・ノルディスク** NVO NYSE	**134.58**	600,553,532.00千ドル

出所：2024年3月15日のデータをもとに著者作成

竹二　グーグルが入ってない。

父　グーグルは15年に持ち株会社化して、アルファベットという名前で上場している。関係としてはさっきのファーストリテイリングとユニクロと同じ。ほら、リスト中のカタカナの名前の下に「GOOG」とあるでしょ？　ここに名残がある。

竹二　ホントだ。

梅三　あれ、アルファベットは6位と7位に二つあるよ。

父　その通り。カタカナでは同じ名前だけど、その下にGOOG、GOOGLとそれぞれあるね。ちなみにこれらはティッカーと呼ばれるその会社の株式コードのこと。上から行くとMSFT、AAPL、NVDA、AMZNとあるね。何となく会社名が想像できるような略語が使われている。

梅三　日本は？

父　日本は銘柄コードと言って、4桁の数字で表されている。その数字から会社名は連想できないけれど、頭の一桁は産業分類を示す意味ありコードになっている。例えば時価総額日本トップのトヨタの銘柄コードは7203、7000番台は自動車・輸送機の業種を表している。ソフトバンクグループのコードは9984、9000番台は運輸・通信・電気・ガス・サービス業。ソニーグループは6758で、6000番台は機械・電機の会社、という具合だ。

梅三 わかった。それでGOOG、GOOGLはどう違うの？

父 この二つの株は両方ともアルファベットの株ではあるけれど、種類が違う。具体的にはGOOGには議決権がなく、GOOGLには議決権がある。

梅三 議決権って何？

父 **会社が大きな決定をするときには、多数決で決める。その票数のことを「議決権」**と言って、それは株式の持ち分によって決まる。例えば1人の人が51％の株式を持ってて、49人が1％ずつ持っている会社があるとすると、1％を持ってる49人が全員反対しても、51％を持ってる1人が賛成すれば、それは「多数決」で決まったことになる。

竹二 人数じゃないんだ。

父 そう。株の持ち分で決まる。

梅三 お金をたくさん出した人の意見が通る世界なんだね。

父 面白いよね。株式会社ってそういう仕組みなんだ。で、一般的には株＝議決権のある株式なんだけど、会社は議決権のない株式を発行することができる。その場合は、**議決権のある株式を「普通株」、それ以外の株式を「種類株」**と呼ぶ。要するに、グーグルの株式は「普通株」と「種類株」がそれぞれ別のものとして上場しているということだ。これはテクニカルな話だから、とりあえず今日のところはアルファベットの二つの株式は同じと見なして話を進めよう。二つの時価総額を足したものがアルファベットの時価総額といまの時点では考えることにする。そうすると実際はメタよりも上にあることになるね。

竹二 なるほど。やっぱりメタよりグーグルの方が大きいというのは感覚的にわかる気がする。

■エヌビディア、TSMCはなぜ儲かるのか

梅三 GAFAMに紛れて、3位にエヌビディアって会社が入ってるけど。

父 エヌビディアはGPUの会社。GPUっていうのは、Graphics Processing Unitの略で、画像処理に特化した処理装置ね。

梅三 コンピュータゲームみたいなリアルタイムの画像処理のために必要なんだよね。

父　さすがよく知ってるな。ＧＰＵは車の自動運転や人工知能など、ここ数年成長が著しい分野で不可欠なチップだ。特に最近進化が著しい生成ＡＩを実現するためには、ＧＰＵによる膨大なデータ処理が必要になる。エヌビディアのＧＰＵのシェアは少なくとも95％はある。独占企業といってもいい。加えてエヌビディアはメインの商品であるＧＰＵを自社で製造しておらず、専門製造会社に全部作らせているから、75％以上もの粗利益を得ている。エヌビディアはとんでもなく儲かっている会社だよ。

梅三　8位のタイワン・セミコンダクターは？

父　ＴＳＭＣって言えば聞いたことあるよね？

竹二　あ、熊本県に大きい工場を作ったところでしょ？

父　そう、ＴＳＭＣは半導体のファウンドリー。ファウンドリーとは製造工場のこと。世界で作られる半導体の6割はこの会社が製造している。ＴＳＭＣは昔は単なる下請け工場だったんだけど、いまは技術を蓄積してこの会社がなければ世界最先端の半導体は作れないと言われている。ちなみに、エヌビディアはこれまでのところ全てＴＳＭＣにチップの製造を委託している。

梅三　また半導体か。

竹二　半導体が足りないとかって、ずっとニュースでやってるよね。

父　そういう意味でもTSMCは注目企業だね。あと、9位のイーライリリー、10位のノボ・ノルディスクはどちらも医療系の会社。

■ GAFAM5社だけで時価総額は東証プライム企業合計より高い

父　ここまでが上位10社ね。さてどれくらいデカいかを見てみよう。1位のマイクロソフト、時価総額いくら？

竹二　えーと、今度は数字の後ろに「千」と書いてあるよ。

父　これは一番小さい桁が千という意味。

竹二　ってことは、千、万、十万……。

父　あのね、大きい数字を数えるにはコツがある。数学ではべき乗を使うし、化学ではマイクロとかナノとか使うでしょ。同じようにお金の話をするときには、カンマごとの単位を覚えておくと便利だよ。カンマ一つ、つまりゼロが3つだと？

梅三　千。

父　その次は?

梅三　百万。

父　そう。そして十億、一兆となる。君らがこの先ずっと1000円、1万円の単位だけ数えて生きていくならそれでいいけど、大きいお金を動かせるようになるためには、この数え方を覚えてね。

竹二・梅三　はい。

父　じゃ、マイクロソフトの時価総額はいくら?

竹二　カンマが3つで、千、百万、十億……。

梅三　いや、ゼロのところが千から始まるんだから、百万、十億、一兆で、3兆?

父　そう。ちなみにこれは通貨がドルだから、1ドル140円を掛けると?

梅三　420兆円!

父　そうだね。アップルが364兆円、アマゾンが252兆円。この3社の時価総額を足すと1036兆円。それにアルファベットとメタを加えると、1400兆円になる。東証プライム（※P147参照）に上場する日本企業の時価総額合計が約942兆円だから、**GAFAMのたった5社で東証プライム1655社全部合わせた時価総額を上回っちゃうんだよ。**

竹二　GAFAMってそんなにデカいんだ!

父　本当にすごい。俺らの日常生活はと言えば、グーグルで検索して、アマゾンで買い物して、フェイスブックやインスタで友達とコミュニケーションして、アップルミュージックで音楽を楽しむ。仕事でも文章を書くのはマイクロソフトのワードだったり。じゃ、次回はなぜこれらの会社が時価総額が高いのかを考えてみよう。

まとめ

■ 会社の大きさは株式の「時価総額」で測る。

■日本企業の時価総額ランキングは「日経会社情報DIGITAL」などで見ることができる。
■日本企業の時価総額トップ3は、トヨタ、三菱UFJ、キーエンスである（24年3月15日時点）。
■アメリカ企業の時価総額トップ3はマイクロソフト、アップル、エヌビディアである（24年3月15日時点）。
■GAFAMの時価総額合計は東証プライムの時価総額を超えるほどの大きさである。

※1 子会社の株式の50％以上を所有している会社。保有株式が50％未満であっても、実質的に子会社を支配している場合は親会社とみなされる。
※2 子会社の経営や事業を支配することを目的に株式を保有し、グループ全体の経営戦略や事業計画などに携わる会社のこと。

02 GAFAMの時価総額が高いのはなぜ？

■5社に通じる「重要な共通点」

父　ではGAFAMの時価総額がなぜ高いのかを考えてみよう。竹二、どう？

竹二　父さんが前回言ってたように、日常生活に欠かせないから？

父　そうだね。でも近所の食品スーパーも日常生活に欠かせないよ。

竹二　常に新サービスを出して機能をアップデートしているから？

父　近所のスーパーも新商品いつも出してるよ。文房具メーカーだって毎年新モデル発売してる。どこの会社も常に機能をアップデートしてるよ。

竹二　世界を相手に戦ってる。

父　トヨタも世界中で車売ってるよ。売ってるだけじゃなく作ってる。ソニーも任天堂も世界中で売ってる。

竹二 うーん、わからない。

父 いやいや、どれも不正解ってわけじゃないんだ。時価総額が大きくなるために重要な要素であることは間違いない。でも決定的なものは何かってこと。じゃ、ヒントを出すよ。業種の違いに着目してみて。

竹二 あ、そうか。モノを作ってない！

父 正解。これらの会社の事業の中心はコンピュータ上で動くソフトウェアによるサービスを提供することなんだよ。トップ10のうちモノ売りが中心なのはエヌビディア、TSMC、イーライリリー、ノボ・ノルディスクの4社だけだね。一方の日本のトップ10はどうなってる？

竹二 トヨタ、キーエンス、東京エレクトロン、ソニー、ファーストリテイリング、信越化学の6社か。

父 そうなんだ。それぞれトップ50社まで見てみると、**アメリカの時価総額上位は、IT産業も含めたサービス業が中心で、日本のそれは製造業が多い。**ではなぜそれが起こるのかを考えてみよう。

梅三 アメリカの会社は世界展開してるから？

父　日本の上位10社もすべて世界展開はしているよ。トヨタは販売台数で見れば海外が5分の4だし、ソニーも7割が海外の売上だ。唯一日本国内中心で売上を上げているのはNTTだけかな。この会社は海外展開が極度に苦手みたいだけど。

■マイクロソフトとユニクロの儲けの仕組みの違い

梅三　英語だから？

父　それも要因としては大きい。日本語話者1・3億人に対して、英語の話者は18億人いるからね。じゃヒントを出そう。ユニクロの洋服をたくさん売ることと、マイクロソフトのパワーポイントをたくさん売ることは何が違う？

竹二　わかった。ソフトはほとんどタダでいくらでもコピーできるから。

父　その通り。厳密にはタダじゃないけど。つまりこういうことだ。同じ機能のソフトウェアを英語で作ろうが、日本語で作ろうが、作る手間は同じはずだよね。

竹二　だけど、日本語のソフトは最大でもユーザが1・3億人に対して、英語のソフトは最大18億人に売れる、と。

父　そして開発コストを回収した後は、ほぼ利益になる。いまの例で言えば単純計算して約14倍の市場規模があるってわけだね。一方でユニクロは一点ずつ洋服を作らなきゃならないから、一点売るごとにコストが発生する。おまけに洋服には売れ残りも発生する。さらに、洋服は一点ずつの取引で、一回買ってくれた人が次も買うかどうかは予測できないけれども、ソフトウェアは最近主流になっている月額課金型の売り方にすれば、ずっと安定した売上が入ってくる。さらに言えばユニクロは店を作らないといけなくて、店を作るにも維持するにもお金がかかる。だけどマイクロソフトには店がない。ということは固定費が低い。

竹二 固定費って？

父 固定費は、何もしなくてもかかるお金のこと。例えばユニクロの店は休みの日にも家賃や水道光熱費がかかるよね。こういう費用が固定費。固定費が低いと、売る量が少なくても利益が出やすくて、固定費が高いとたくさん売らないと利益が出にくい。もう一つ、固定費の対義語として変動費というものがある。変動費は商品を一点売るごとにかかるお金。お客がクレジットカード決済したときの手数料とか、こまごまとある。

梅三 レジ袋とか？

父　そう、レジ袋も変動費。いままで変動費として店が負担してたけど、有料になってお客に転嫁されたね。ユニクロなら一袋10円、スーパーなら3円とか5円が新しく売上になった。この固定費と変動費の話を整理してみよう。マイクロソフトのようなソフトウェア販売業と、ユニクロのような小売業を比較するとこうなる。

- ソフトウェア販売業：固定費小／変動費小
- 小売業：固定費大／変動費大

これは個別にマイクロソフトが、ユニクロがという話ではなく、あくまでそれを一般化した話ね。イメージを持ってもらうために例を考えよう。あるソフトウェアを開発するのに10億円が必要だとする。はい、カンマいくつ？

竹二　えーっと、千、百万、十億だから、カンマは三つ。

父　そうだね。10億はカンマ三つでゼロが9個。では次。仮にパワーポイントを一人に1万円で売ると、何人に売れば元が取れる？

梅三　10万人。

父 お、速い。どう計算した？

梅三 ゼロが9個から、1万円のゼロ4個を引くと、ゼロが5個。だから10万。

父 そうそう。いい感じ。ということは10億円かけて作ったソフトウェアは10万本売れば開発コストは回収できる、その後の売上はほぼ全て利益になる。この10万本の売上に相当する数字を**損益分岐点**と呼ぶ。どれだけ売れると利益が出るかを知りたい時に、「損益分岐点となる売上額はいくら」って言い方をよくするよ。この概念をよく知ってもらいたいから、さっきの比較表を損益分岐点という言葉を使って言い換えると、次のようになる（次ページ図表6）。

- ソフトウェア販売業：固定費小／変動費小　↓**損益分岐点が低い**
- 小売業：固定費大／変動費大　↓**損益分岐点が高い**

■大きな利益の出やすい業種、そうでない業種

竹二 マイクロソフトみたいなソフトウェア販売業は、売上が大きくなると、ものす

図表6　固定費を下げると損益分岐点も下がる

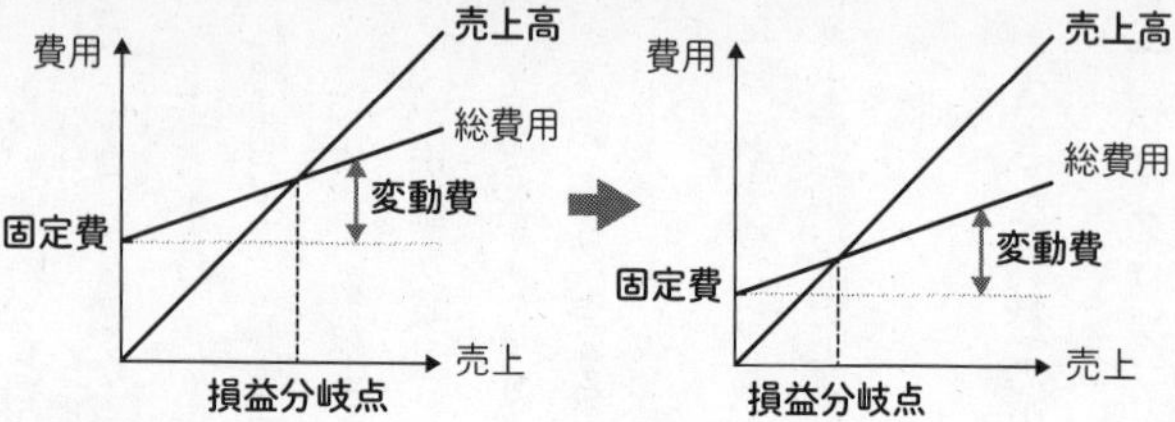

出所：著者作成

ごく利益が出るのは、損益分岐点が低いからなんだね。

父　それが一番の要因。その上商品の利益率がものすごく高い。何度も言うけど、時価総額は、将来の利益額の見通しで決まるよね。

竹二　だからマイクロソフトは時価総額がデカくなるんだ。

父　さっき見たトヨタも時価総額は世界トップ50に入るほどにデカい。でも製造業だから工場の設備投資が大きいし、一台ずつ作るための人も要るし、一台ごとに原材料費がかかる。車を一台売っても、それらのコストを全部差し引いた額がやっと利益になるんだ。

竹二　マイクロソフトのソフトはコピーをダウンロードするだけだもんね。それが世界中で行われている。

父　というわけで、GAFAMの時価総額が大きい理由はだいたいわかったかな？

■もし10年前にGAFAMの株を買っていたら……

父　じゃあ、次はGAFAMの株価がどれくらい伸びてきたのかを見てみよう。そうだな、過去10年で、まずマイクロソフトの株価。

梅三　おー！

竹二　21年の後半から22年にちょっと落ちたけどまた回復してるね。

父　いまは420ドル前後だけど、10年前はどうだったかな。このチャートだと細かくて数字が見づらいから、時系列で見てみよう。Yahoo!ファイナンスでは、「時系列」というボタンを押して、表示された画面で特定の日付の範囲を入れると、その時期の株価が見られる。この表の終値を見てみよう。

梅三　おお、38ドルだ。11倍強だね。

父　次にアップルは……。

梅三　あれ、いまが172ドルで、10年前は526ドルとかってなってる。下がってない？

父　これはこの10年の間で2回**株式分割**[※1]をしているから。14年の時は1株を7分割に、20年の時は4分割した。だから1株の値段が単純に28分の1になった。

竹二 ってことは10年で9倍になりました、と。10年前にアップルの株を10万円くらい買ってると、90万円になってるってことか。

父 そういうことだね。

梅三 すげぇ！ アマゾンは？

竹二 これも上がってる。

父 じゃ、梅三、自分でウェブページ触って調べてみて。

梅三 えーっと、この日の値段が174ドルで、10年前は375ドルだから……これも分割だね？

父 アマゾンは22年に1株を20株にする株式分割をやっている。

竹二 つまり、実際は9倍強ぐらいってことか。

父 あと、梅三、グーグルとメタも調べてみて。

梅三 グーグルは、このアルファベットだよね。いまが141ドルで、10年前は1192ドル。これも分割しているね。

竹二 検索すると、22年に1対20の分割、って出てくるね。さらに、14年に約1対2

の分割……ってことは、10年で約5倍か。

父　俺は上場したときのことをよく覚えてるよ。04年8月19日。売り出し価格は85ドルだった。

竹二　ってことは…上場した時と比べると約70倍か！

父　これは強烈だよね。

梅三　次にメタは……いま484ドルで、10年前は68ドルか。

父　メタに社名が変わる前のフェイスブックが上場したのは12年5月12日だからね。売り出し価格は38ドルだった。

梅三　ってことは、創業して2年で倍近くなって、10年で7倍かぁ。

竹二　10年前に戻れるんなら、アマゾンとメタの株買いまくるわ。

父　ざっと整理すると、この5社の株価は過去10年で少なくとも5倍になったんだよ。さらに面白いのはこれらの株価が上がると多くの人が予測していて、実際にその通りになった珍しい例なんだよ。

まとめ

■ GAFAMの時価総額が大きいのは、**損益分岐点が低く、利益率の高い商品を世界中に販売することに成功**し、かつ、この先も利益を増やすと市場参加者に期待されているから。

■ 過去10年のGAFAMの株価上昇率（概算）は次の通り。マイクロソフト：11倍／アップル：9倍／アマゾン：9倍強／グーグル：5倍／メタ：7倍

※1　既に発行されている株式を、1株を2株などに分割すること。株式を保有している投資家には、分割された株式が割り当てられる。株数が増えても会社の価値は変わらないため、基本的には分割された分だけ1株当たりの価格が修正される。例えば、株価が1000円の株式が1対2の株式分割（1株を2株に）した場合、分割後の保有株数は2倍になるが、理論上1株の株価は500円となる。

03

日本株だって負けてないぞ

■任天堂の株価は10年前の8倍になっている

父　いま、GAFAMの株価を見ていたけれども、日本にも大化けした株はたくさんあるんだよ。今度はまた「日経会社情報DIGITAL」のサイトに戻ろう（図表7）。

例えばトヨタ自動車。10年間で3倍になっている。日本で一番時価総額が大きな会社だけれども、10年間で利益をきちんと増やしてきたんだね。もちろん、この数年は円安とか外部環境も大きく味方してのことだけど。

竹二　円安になるとトヨタみたいな輸出が多い会社は儲かるもんね。

梅三　任天堂とかはどう?

父　そうだね、見てみよう。

竹二　うわ、すごい。10年前のざっと8倍か。

図表7　トヨタと任天堂の株価チャート

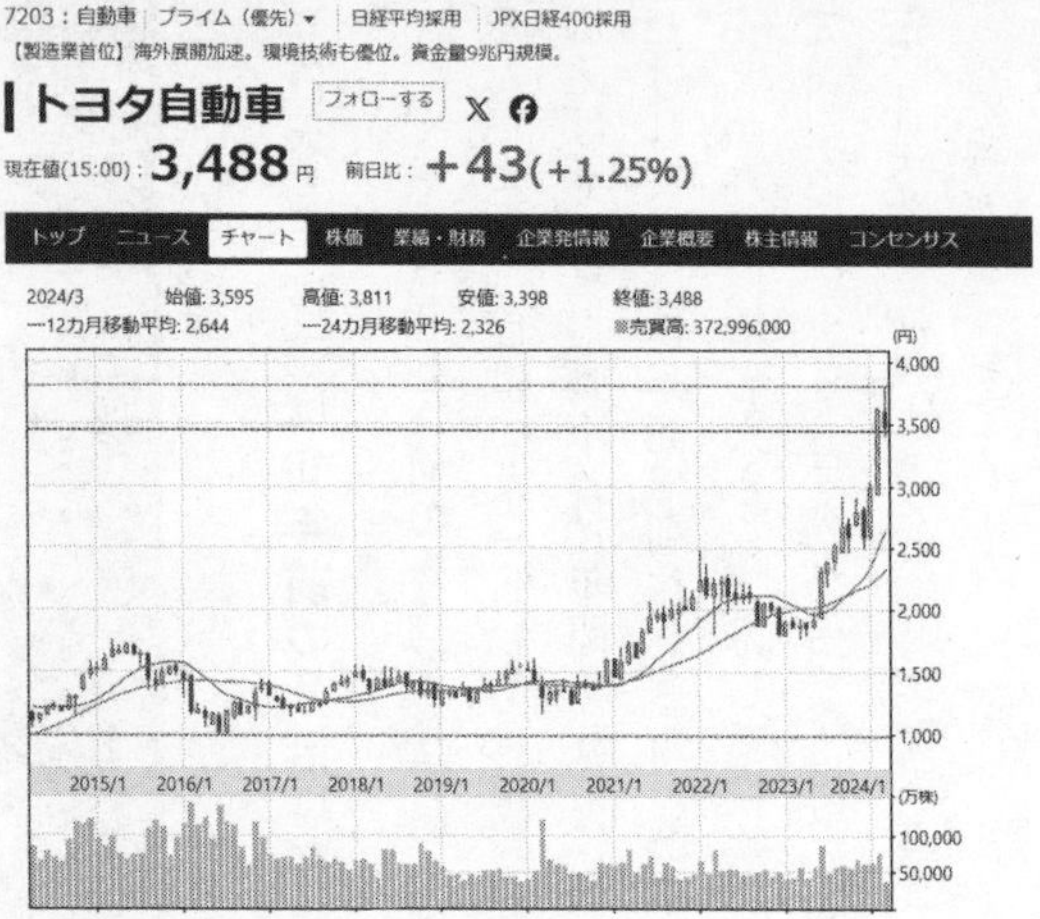
7203：自動車 | プライム（優先） | 日経平均採用 | JPX日経400採用
【製造業首位】海外展開加速。環境技術も優位。資金量9兆円規模。
トヨタ自動車
フォローする
現在値(15:00)：3,488円　前日比：＋43(＋1.25%)
トップ　ニュース　チャート　株価　業績・財務　企業発情報　企業概要　株主情報　コンセンサス
2024/3　始値: 3,595　高値: 3,811　安値: 3,398　終値: 3,488
12カ月移動平均: 2,644　24カ月移動平均: 2,326　※売買高: 372,996,000
(円)
4,000
3,500
3,000
2,500
2,000
1,500
1,000
2015/1　2016/1　2017/1　2018/1　2019/1　2020/1　2021/1　2022/1　2023/1　2024/1
(万株)
100,000
50,000

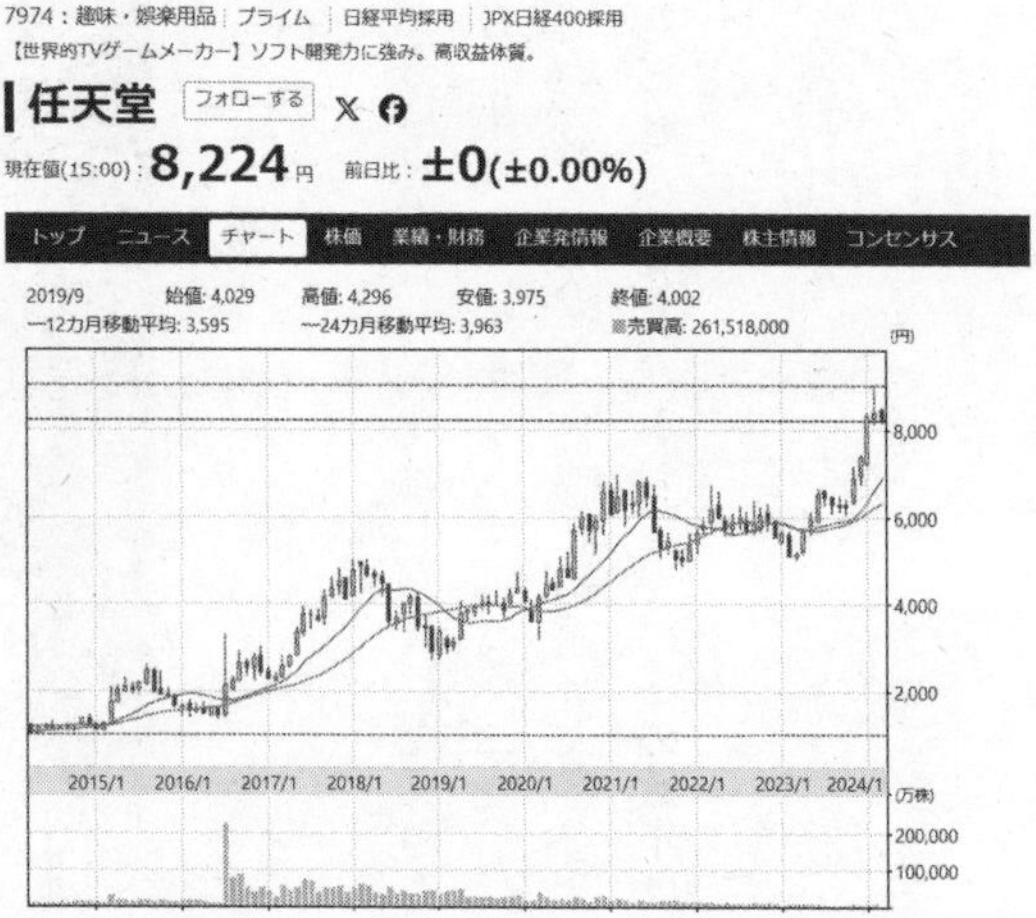
7974：趣味・娯楽用品 | プライム | 日経平均採用 | JPX日経400採用
【世界的TVゲームメーカー】ソフト開発力に強み。高収益体質。
任天堂
フォローする
現在値(15:00)：8,224円　前日比：±0(±0.00%)
トップ　ニュース　チャート　株価　業績・財務　企業発情報　企業概要　株主情報　コンセンサス
2019/9　始値: 4,029　高値: 4,296　安値: 3,975　終値: 4,002
12カ月移動平均: 3,595　24カ月移動平均: 3,963　※売買高: 261,518,000
(円)
8,000
6,000
4,000
2,000
2015/1　2016/1　2017/1　2018/1　2019/1　2020/1　2021/1　2022/1　2023/1　2024/1
(万株)
200,000
100,000

出所：「日経会社情報DIGITAL」2024年3月15日データ

父　10数年前はスマホに市場を奪われると指摘されていた時期なんだけども、ヒット商品をどんどん出して、しっかり利益を増やしてきたってことだ。
いまトヨタ、任天堂なんかの株価の推移を見てきて、皆上がってることがわかったと思う。でも伸びてる株はこれらの株やGAFAMだけじゃないんだ。さてここで問題。2008年にリーマン・ブラザーズの破綻が引き金になって金融危機が起こり、世界中の株価が大きく下がった。その時点から数えて12年後、つまり20年に日本の証券市場で一番伸びた銘柄の株価は何倍になったか？

竹二　その会社の名前俺らでも知ってる？

父　たぶん知らないな。でも質問は会社の名前じゃなくて、株価が何倍になったかということ。

梅三　流れで行くと、任天堂の8倍が最高？

父　いや、違う。それに任天堂は父さんが言い出したわけじゃないし。

竹二　10倍？

父　いや、もっと大きい。答えは303倍。

竹二　えー！

父　ちょっと古い情報なんだけど、08年から20年までの12年間で株価が100倍になった会社は33社、10倍以上で見るとなんと839社もある。

竹二　そんなにあるんだ。

父　株価が303倍になった会社は「朝日インテック」。

竹二　ガンホーとかもあるね。216倍か！

父　一時期この会社は飛ぶ鳥を落とす勢いだったんだよ。

梅三　ペッパーフードサービスって、あのペッパーランチの会社？

父　そう。ここも約150倍に伸びたね。株価が大きく上昇する会社は比較的小さな会社が中心だ。12年で10倍になった銘柄の最安値を見てみると、約4分の3の会社が時価総額50億円未満だ。

上場していても小規模な会社は急に儲からなくなったりすることがあるから、リスクが大きい銘柄だと言える。魅力的ではあるけれど、どこかで成長が頭打ちになっちゃうこともしょっちゅうあるんだよ。

竹二　でもさ、一番安いところで買って一番高いところで売れば儲かるんでしょ。

父　理屈上はそうだけど、それは現実には無理だね。「頭と尻尾はくれてやれ」とい

図表8　いずれも時流に乗って上昇した　100倍以上に上昇した銘柄

銘柄名（コード）	上昇率(倍)	追い風にした主なトレンド
朝日インテック（7747）	303.3	医療関連・バイオブーム
日創プロニティ（3440）	296.5	太陽光発電の普及
UTグループ（2146）	289.1	アウトソーシングの拡大
そーせいグループ（4565）	287.7	医療関連・バイオブーム
日本商業開発（3252）	270.8	ショッピングモールの増加
北の達人コーポレーション（2930）	257.0	健康ブーム
Jトラスト（8508）	253.4	消費者金融の代替
ジーエヌアイグループ（2160）	234.6	医療関連・バイオブーム
ガンホー・オンライン・エンターテイメント（3765）	216.3	スマートフォンの普及
エスプール（2471）	204.7	アウトソーシングの拡大
ジンズホールディングス（3046）	204.1	デフレ下の価格破壊
ジェイエイシーリクルートメント（2124）	197.9	アウトソーシングの拡大
ホロン（7748）	186.4	スマートフォンの普及
セリア（2782）	175.1	デフレ下の価格破壊
ビーネックスグループ（2154）	157.8	アウトソーシングの拡大
ペッパーフードサービス（3053）	151.9	健康ブーム
ナノキャリア（4571）	151.6	医療関連・バイオブーム
MonotaRO（3064）	150.9	電子商取引の普及
アウトソーシング（2427）	149.8	アウトソーシングの拡大
FRONTEO（2158）	140.7	AIの台頭
クルーズ（2138）	139.2	スマートフォンの普及
アドウェイズ（2489）	130.7	ネット広告の台頭
リミックスポイント（3825）	127.1	太陽光発電の普及、仮想通貨
クリエイト・レストランツ・ホールディングス（3387）	126.9	デフレ下の価格破壊
nmsホールディングス（2162）	125.3	アウトソーシングの拡大
メンバーズ（2130）	120.4	ネット広告の台頭
レーザーテック（6920）	120.2	スマートフォンの普及
コシダカホールディングス（2157）	120.0	カラオケブーム
GMOペイメントゲートウェイ（3769）	116.4	キャッシュレス決済の拡大
エムティジェネックス（9820）	114.9	メンテナンス需要の拡大
ディップ（2379）	112.5	アウトソーシングの拡大
アイサンテクノロジー（4667）	111.6	自然災害の頻発・被害拡大
日本ライフライン（7575）	104.3	医療関連・バイオブーム

出所：日本経済新聞電子版2020年8月4日「日本株の5つに1つが10倍高　実はリーマン以降に達成 日の丸テンバガー大研究（上）」

う投資の格言があるくらい、最安値を拾って最高値で売るのは難しい。毎日株とにらめっこしているトレーダーの人の中にはできる人もいるかもしれないけれど。父さんみたいに日々仕事があったり、君らみたいに学校に行って勉強と部活をやるような普通の人にはそれは非現実的だね。ただし、これらの会社をよく知っていて彼らが出している事業計画を評価できるほどの能力があるなら話は別だけどね。

まとめ

- 過去10年で日本株も大きく上昇した。例えばトヨタは3倍、任天堂は8倍になった。
- 中小株の中には08年から20年の12年間で株価が10倍に届いた会社は839社あり、最も伸びた会社は最大で303倍になった。
- ただ、変動幅の大きな株は、リスクの大きい銘柄でもある。過去を振り返ると最安値を拾って最高値で売れれば、と思えるが「頭と尻尾はくれてやれ」

という投資の格言を肝に銘じるべし。

■

また変動幅の大きな小型株はすぐに成長が頭打ちになりがちなので、その会社の情報を近いところで取れるか、または専業トレーダーでなければ、手を出さない方が無難。

04 株式市場は過去に興味がない

■日本国民がもしユニクロしか着なくなったら

父　前回話したように、あらゆるビジネスはどっかで成長が頭打ちになる。永遠に成長し続けるビジネスは理屈上存在しない。

竹二　社長に寿命があるから？

父　社長の生物的な寿命はもちろんあるよ。それ以外にも、意欲的寿命や能力的寿命もある。特に創業社長はちょっと儲かっただけで満足しちゃう人がいる。満足しちゃうと成長が止まる。あとは動かすお金が大きくなりすぎると怖くなってきて、急に保守的になっちゃったりとかね。こんなふうに社長の資質や性格による部分もあるんだけど、永遠に拡大し続けることは物理的にできない。極端な話をすると、すべての日本国民がユニクロしか着なくなったら、その時点でユニクロは国内の洋服を売るビジネスではそれ以上成長できない。

竹二 それはさすがにありえないでしょ。

父 現実にはありえないけど、理屈上はそうなる。さすがに日本国民全員ユニクロを着る状況は極端だとしても、それに近い状況はありうる。そうなると、次は海外に展開していくとか、洋服以外の事業を始めるとか、新しい市場を開拓していって、会社としての利益成長を追い求めているのがユニクロというか、ファーストリテイリングという会社なんだ。だけど、「ユニクロ」ブランド一つで、「国内」だけでやっているうちは必ずどこかで成長は頭打ちになるんだよ。

竹二 それって、近所にある学校の制服とか売ってる店みたいなこと？

父 そう。いい例ね。扱っている学校の生徒数で売上の上限が決まっちゃう。

梅三 そういう会社の株は上がらない、と。

父 そう、上がらない。ただしそれ以上成長しない会社でも、利益率が高ければ配当を出すことができるから、配当狙いでその株をずっと持っているという投資戦略もある。さて、この話から、買った株をいつ売るべきかという話に移っていきたいと思う。それにあたって、父さんが買っておけばよかったと後悔している銘柄二つを紹介する。まあ、他にもたくさんそういう銘柄あるんだけど、マジで自分の先見の明のなさに腹が立ってるのがこの2社。

竹二 どこ？

父 一つはニトリ。もう一つはアークランズ。

竹二 アークランズは聞いたことない。

父 俺らがしょっちゅう行ってる「かつや」を運営している会社。

梅三 かつやか！ うまいよね、カツ丼。

父 まずニトリから。過去10年の株価推移を見てみよう。

梅三 おお！ これ、何倍になってるの？

竹二 いまが2万3000円くらいでしょ。10年前は、14年3月17日の終値が4330円。ってことは……。

梅三 5倍強だね。

父 いまニトリの店は日本全国どこに行ってもあるし、都内にもたくさんある。テレビでもしょっちゅう特集が組まれるほど、株式市場にも我々庶民にも人気企業。10年前から既にニトリの店はたくさんあって、いいなと思ってたんだけど、株は買わなかった。

竹二　え、何でよ？

父　正直、ニトリのことをよく理解していなかった。だけどこの10年で店舗をさらに増やして、商品の新陳代謝を進めて、ラインナップを増やした。その結果お客さんが増えて、お客さんが買う商品が増えた。そして利益が増えた。何しろ23年の決算まで20年以上連続増収増益だった。もちろん株価は上がった。

■「いままで上がってきたから上がる」は失敗する人の発想

梅三　だったらいまからでも買えばいいじゃない。

父　それが今回のポイント。いまから買うとしたら、どういう理由で買うの？

梅三　これからも上がるから。

父　何でこれからも上がると思うの？

梅三　だってこれまでずっと上がってきたから。

父　それは典型的な株で失敗する人の発想。しつこいけど、株価は何で決まる？

竹二　その会社が将来生み出す利益予測。

父 そうだよね。だとすれば利益の予想をしないといけない。それにはこれから店が増えるか、商品が増えるか、客単価が増えるか、客数が増えるかを予想して、利益がいくらになるか、そうすると株価が何年後にいくらになるかが試算できる。そして、その株価になるはずだと考えて株を買うのが、教科書的なやり方。

竹二 何か、難しそう。

父 確かに難しい。厳密にやろうとすれば専門的な知識がいるし、情報も必要だからね。手法の話は後でするとして、とにかく株の売り買いは、いま2万円だとか、この前1万円だったというのはあんまり関係ないんだ。「この株価になるはずだ」という予測から見て高いか安いかを判断しないといけない。株式市場は将来しか見てないんだよ。過去は関係ない。チャートで表現されているのは既に終わったことだということ。これはこの先の株価には何も関係ないということを覚えておいてほしいね。

さてもう一つ、かつやをやってるアークランドサービスホールディングスを見てみよう。かつやの運営会社が上場したのは07年8月30日のこと。その後株価を順調に伸ばしてきたんだけれど、23年8月末に親会社だったアークランズ社に吸収されて完全子会社になった。上場廃止になったので現在はこの会社の株の売買はできない。投資するなら親会社の「アークランズ」の株を買う必要がある。
かつやは俺好きで近所にあったから昔からよく行ってたんだよね。ある時からゴルフ場に行く帰り道なんかにぽつぽつでき始めて、店増やしてるなって感じてたんだよ。そうしたら上場するっていうニュースが出た。

■カツ丼チェーンは牛丼チェーンより儲からない？

竹二　でも買わなかったんだよね。

父　かつやで食べるのは好きだけど、こんな商売が伸びるとは思えなかった。カツ丼490円（※24年3月時点で560円に値上がりしている）の会社がそんなに儲かるとは思えなかった。帰るときに100円引きの券をくれたから、リピートすれば実質390円プラス消費税でしょ。そうしたら牛丼チェーンと価格帯はほぼ同じ。でも牛丼よりカツ丼作る方が明らかに手間がかかるし、お客の滞在時間もカツ丼店の方が長い。だから利益率は牛丼チェーン以下のはずで、そんなに儲からないし、店も増やせないだろうって思った。

梅三　あの大根の漬物おいしいよね。皆で行くと壺が空っぽになるくらい食べちゃう

このカツ丼から
学ぶことは多い！
いや
聞けよ
むしゃ　むしゃ

もんね。あれもタダでしょ。

父　そうなんだ。最初は父さん以外の人も懐疑的だったと思うよ。だって新規上場したとき[※1]の公開価格は20万円だったけど、初値[※2]はそれ以下の19万円だったから。公開時の時価総額は50億円と、目立たない中小企業レベルで特に期待できなかった。ところが地道に店を増やして、新商品どんどん出して客単価を上げて、コツコツ成長していった結果、運営会社のアークランドサービスは株価を伸ばし続けていた。俺は本当に後悔している。全くもって先見の明がなさすぎる。

竹二　そうか、俺はかつや行ってもそういう目でお店を見たことなかったな。

父　株を始めると、そういう点で物事を見られるから、視野が広がるよ。そうやって物事を見ながら、自分の予測と結果を突き合わせる経験を積み重ねていくと、どんどん見る目が養われる。先の話だけど就職先選びにも間違いなく役立つよ。

■「将来の利益」をどうすれば予測できるか

竹二 で、かつやの株は買った方がいいの?

父 そう、ここからが本題ね。かつやの株を買うかどうかは、かつやがこの先どうなるかを予測しなければならない。例えば客はこの先も増えるのか。

梅三 お客を増やすには店を大きくすればいいの?

父 必ずしもそうとは言えない。店を増やすことと、店の面積を広くするのとは違う。飲食店ってのはピーク時間以外は客がいない。混む時間帯は決まってる。むしろ混んでいない時間帯の方が長いくらいだ。それなのに店を大きくすると固定費が上がる。経営効率を考えると店は小さくしておいてピーク時間帯は並ばせればいいという考え方もある。

梅三 なるほど。ってことは店を増やさなくちゃいけないのか。

父　そう。いま何店舗あって、仮に日本だけでやるとしたときに、あと何店舗出せそうかという予測をする。その予測は自分でゼロからやる必要はなくて、会社が発表している計画をチェックする。そして本当にそれが実現できるのかを自分の頭で考えるんだ。

梅三　どうすればわかる？

父　仮にかつやが3000店舗を目指すと言ったとする。そのために年間何店舗新規に出店しなきゃならないかが事業計画書に書かれているはずだ。まずそれを見る。

竹二　それを見て事例を調べればいい？

父　いいこと言ったね。それをいままで達成した会社があるのかをチェックする。ではかつやと似たような業態は何か？

竹二　吉野家、てんや、ペッパーランチ。丸亀製麺とか。

父　そうそう。こういう会社の店舗数を調べればいい。3000店舗やってるところがあるなら、それは現実的な目標と考えることができる。そうでなければ、前人未踏の領域ということで、大言壮語、夢物語の可能性がある。ならばいいとこ2000店舗じゃないかと仮の数字を立ててみる。そうすれば利益が試算できる。

■買うタイミング、売るタイミングの見きわめ方

竹二 利益の試算は、どうやって？

父 例えばいま500店舗だったとして、それが2000店舗になるってことは4倍。となると利益は4倍とざっくり試算できる。すると株価も4倍になると考える。それが目標株価。

竹二 だから、この株価になるはずだけど、それに比べたらいまは安い。だから買うと判断するってことだね。

父 ご名答。じゃ、逆にいつ売る？

竹二 目標株価に達したら。2000店舗という予測に達したら売る。

父 そう。一つ付け加えると、2000店舗に達した時点で出された新しい予測も考慮しないといけないけれどね。もう一つの売り時は？

梅三 下がりすぎた時？

父 近いけど遠い。それ以上に、負けの典型的なパターン。2000店舗になることは確実だと思うけど、何らかの理由で起こった株式市場のクラッシュで株価がドタ

下がりしたときはむしろ買い時だ。そういう時は買い増すんだ。

竹二　予測が間違ってたとわかった時。

父　具体的には？

竹二　どう考えても2000店舗はいかないということが判明したとき。

父　正解。あとは計画よりも客数、客単価が上がらずに利益率が下がって、かつそれが改善しそうにないと考えた時。その時点で見込み違いと判断してあっさり売る。いくらで買ったかは関係なく、その時の株価とも関係なく、儲かっていようが、損していようが売る。だってもう上がらないと判断したから。

梅三　わかってきた気がする。

父　目標株価の計算は厳密にやると難しいんだけれど、かつやみたいなシンプルな商売は、店のフォーマットが決まってて、メニューも値段も決まってる。一店舗あたりの売上と利益のモデルが作りやすい。それを店の数だけ掛け算すればいい。それで計算するといまの株価は安いのか、高いのかを計算できる。厳密な計算をしなくても、幅をもって試算すれば十分現実に対処できる。

ちなみにもう一つ付け加えておくと、かつやを運営するアークランドサービス社の親会社のアークランズ社は、他にもホームセンターの「ビバホーム」、食品スーパー、キャンプ用品の販売、フィットネスや不動産など、たくさんの業態を持っている。だからこの会社の株を買うかどうかは、その他の事業が今後どうなるかも同じように予測する必要がある。子会社になる前は、かつや事業が中心の会社だったからシンプルだったけど、いまアークランズ社の会株を買うかどうを判断するにはかなり大がかりな分析が必要になるね。

■セリアの株価が頭打ちになった理由を考えてみる

父　もう少し他のビジネスも見てみようか。身近で興味ある商売何か思いつく？

梅三　セリア。

父　うん、面白いね。ここは上場してるよ。

梅三　あれ、最近はちょっと下がってる。

父　そうだね。いま3070円で、ピークは7400円くらいだね。ただ12年の初めまでさかのぼれば430円だったから、そこから見れば7倍程度にはなってる。

竹二　12年に買ってピークの17年〜18年に売ったとすると17倍くらいか。すごいなぁ。

セリアみたいな100円ショップに投資してもこんなに儲かるんだ。

父　そうなんだ。身近に宝の山はたくさん転がってるんだよ。このピークの部分なんだけど、おそらくいったん業績が頭打ちになったんじゃないかなと思う。

竹二　店舗数が増えなくなったとか、お客が減ったとか、そういうこと?

父　たぶんね。過去の業績を調べていけば原因はわかると思うけどね。これは想像だけど、いまあるほとんどのショッピングモールにセリアは入っちゃったんじゃないかな。日本にショッピングモールが仮に3000店あるとして、そのうちセリアが入ってるのが100店だとすれば、出店余地はある。でも競合のダイソーとかも含めるとおそらく全部のショッピングモールに何かしらの100円ショップが入っちゃってるんだと思う。そんで新たに開発されるショッピングモールの数もそれほど増えなければ、セリアの店は増えない、と考えられるだろうね。

■ニトリ、丸亀、セリアが好きな人はお金持ちになれる?

父　他には?

梅三　丸亀製麺。

父　これも面白い。丸亀製麺は上場企業のトリドールホールディングスという会社が運営してる。

梅三　これも上がってるね。

父　そうだね。10年前の4月1日の終値は950円だったから、4倍強になってるね。ちなみに、この会社の株価を見るときに知っておかなきゃならないのは、丸亀製麺以外にいろんな飲食店をやってるってこと。トリドールホールディングスのホームページを見てみよう。

梅三　ホントだ、すげぇいっぱいある。全部で20あるね。

竹二　でも知ってる店はほとんどないな。「長田本庄軒」の焼きそばくらい。

父　そう。トリドールの丸亀製麺の売上は6割くらい。多いと言えば多いけど、これだけをやっている会社じゃないってことは言える。だから丸亀製麺だけを見てもこの会社のことはわからない。

梅三　なるほど。

竹二　よく行く店がたくさん出てきたけど、そういう視点で見たことなかったわ。

父　世の中のほとんどの人はそうだよ。ただ買い物や飲み食いをしてるだけ。だけどこれまでの話はそれほど難解ではないよな？　要はどれくらい利益が伸びそうかという掛け算をしているだけだから。

梅三　まあ、そうだね。

父　この店儲かってそうだなとか、新しい商品がたくさんあって楽しそうだな、っていう気持ちに、今回話した観点を加えれば、きっと株式投資で成功する。ニトリ、丸亀、セリアが好きな人は、お金持ちになれる可能性がある。つまり誰でもお金持ちになれる可能性があるってことだ。

梅三　俺もなれるってことだよね。

父　そう。さらに勇気と忍耐力を持てればね。では今日はこれくらいにしておこう。さて、今日は宿題があります。

梅三　えー。

父　今日の最初にアメリカ市場の時価総額ランキングを見て、アップルが2位にあることがわかったよね。いまは2位なんだけど、長い間ずっと1位に君臨していた。なぜアップルの時価総額はそれほど高いのか。簡単にA4で1枚にまとめてください。

竹二　難しいなぁ。

父　先にヒントを出そう。時価総額が高いというのは利益が大きいということ。ではなぜ利益が大きく、これからも伸びそうだと思われているのか。いまアップルは何で稼いでいて、これから何で稼ごうとしているのかを調べればいいんだよ。

竹二　それならネットにいろいろ載ってそう。

父　たくさん出てると思うよ。これは調べ学習だから、やり方は任せます。では次回。

まとめ

■ 株式市場は過去を見ていない。株価に影響を与えるのは将来予測のみ。

■ 過去に株価が上昇を続けてきた銘柄を見つけたとき、過去に上がり続けてきたという理由で買ってはいけない。その会社の利益がこれからも伸びるという確信を持ったうえで手を出さなければならない。

■ その会社の利益予想をチェックするには、会社のIR資料や証券会社が提供するアナリストレポートなどがある。

■身近な店がどのような会社なのか、株式市場でどのように評価されているかを見ることから、株の勉強を始めるとよい。

※1　新規上場時に既存の株主が持っていた株式を、不特定の株主が入手できるように新しく売り出す価格のこと。

※2　新規上場した銘柄の、最初に売買が成立した値段のこと。

第3講

「株価情報をちゃんと読める人」になる

01 アップルは投資先であり製品を買う会社ではない（父さん説）

■アップル社はなぜ時価総額が高いのか

父 前回出した宿題、アップルはなぜ長い間時価総額世界ナンバーワンだったのかをA4で1枚以内にまとめるってやつ。どう、やってきた？

竹二 やってきたよ。

梅三 俺も。

父 OK。では調べてきた内容を教えてください。まず梅三からよろしく。

梅三 じゃ、始めます。

> アップルには圧倒的ブランド力があって、収益性が高い。
> 高くても買ってくれる人がいる。

iPhoneやMacなどのハードウェアだけじゃなく、アーケード、ニュース、アップルペイ、アップルTVなど、独自のアプリを開発して、さらにクラウドサービスも展開している。それらのサービス事業の利益率が、ハードウェア販売の利益率に比べて相対的に高い。

ハードウェアは、全てにおいて自社で製造するのではなく、多くのサプライヤーから部品を調達して、最終的につなげる工程の管理だけをやっている。つまりサプライチェーン[※1]を管理するサービスベンダーである。

高い収益性を背景とした株主還元の取り組み。2013年にカール・アイカーン[※2]という投資家が、アップルにTOB[※3]を通じて自社株買いを行うように求めた。それをきっかけにアップルは株主還元を積極的に行って、手元資金の圧縮に取り組んだ。19年4月には総額750億ドルの自社株買い枠を追加したほか、四半期配当を5%引き上げることを発表した。自社株買いして株数が少なくなると、需要と供給が引き締まって、一株利益が上がるため、株価はその分値上がりする。13年から自社株買いを始めてから発行済み株式数は28%減ったが、時価総額は60%も増えた。

以上から言えるのは、将来性を見越して投資してくれる人がいる。企業価値向上策がうまく行ったのではないか、ということ。

父　おお、よく調べてるね。いまの話をまとめるとポイントはいくつ？

梅三　三つかな。サービスの収益性が高い、ハードウェアはサプライチェーンの管理に徹している、株主還元の取り組みを行っている、この三つ。

父　いいね、よくできてるよ。

竹二　俺もおんなじサイト見たな、株主還元のところ。

父　まあそれはありうるよね。ネットだけから情報収集してるから。それ自体は全く問題ではないよ。じゃ、竹二、いってみよう。

竹二　はい。俺は最初に予想を立てた。アップルの時価総額が高い理由は、アップルミュージックやアップルペイなどの独自サービスの利益率が高いのではないか。もう一つはそうしたサービスを使うためには、消費者はアップルウォッチやMac、iPhoneなど、同じく独自ハードウェアを買うのがマスト。その相乗効果がある点。三つめはブランド。俺が使ってるファーウェイの2万円のスマホと比べると

iPhoneは値段がものすごく高い。でも、周りを見るとiPhone使ってる友達が多い。その理由はブランド。それで利益を増やしてる。四つめは新しいものがすぐに出てくる点。この四つが最初の予測。

父　なるほど。

竹二　ここからが調べたこと。

まず独自のサービスとブランドで高い値段をつけていること。それは予想通りだった。

アップルはサービスの利益率が高い。

さらにスマホの販売でも利益率が高い。世界のスマホ市場を見ると、出荷台数は長年サムスンがシェアトップだったが、2023年にアップルが初の1位に。さらにスマホ市場の利益のシェアはアップルが85%を獲得している。利益率の高さが他社との大きな違い。ブランドを使って高い利益率を実現している。

もう一つは、新たな市場を常に作り出していること。マイクロソフトはウィンドウズにこだわってしまって、モバイル市場に参加するのが遅れた。アップルはモバイル製品を次々に出して、波に乗って成功した。
最後に株主対策。これは梅三と内容は同じだけど、正直理解できなかった。

父　いいレポートだね。二人とも大事なところはちゃんとカバーしているよ。じゃ、2点補足説明しよう。まず梅三のレポートで、アップルはサプライチェーンを管理するサービスベンダーである、とあったけど、これは意味わかる？

梅三　正直わからない。

父　そうだよね。これはビジネス経験がないとピンとこないかもね。要はアップルはハードウェアを売っているにもかかわらず、工場を持っていないということ。工場がなければ設備投資が要らないからリスクも固定費も減る。それらのリスクとコストは全部製造委託先に負わせる。これによって利益率が高まる。その一方で製品に関わるブランドや特許はがっちり押さえる。これで高価格を維持できる。これが一点目の意味ね。

梅三　アップルは工場を持ってないんだね。でも端末を作れるんだ。

父　メーカーのように見えて工場を持っていない会社は結構ある。ビジネス界では

「ファブレス」と呼ぶよ。ユニクロも自社工場は持っていない。全部委託先に作らせている。ユニクロは製品企画と販売しかしていない。ちなみにｉＰｈｏｎｅを作っているのは台湾の鴻海《ホンハイ》精密工業という会社。ソニーのプレイステーションや任天堂のＷｉｉも実はこの会社が作ってる。この会社はシャープの大株主になった。

梅三　知らなかった！　すごいね。鴻海精密工業の株は買えるの？

父　買えるよ。台湾の証券市場に上場している。あとで調べてみて。

梅三　わかった。

父　もう一点、株主対策のところを説明しよう。最初の頃に説明した内容の繰り返しになるけど、時価総額１０００億円の会社があるとして、その会社が１億株発行している場合と、10億株発行している場合とでは、見かけの値段は違う。梅三、それぞれいくら？

梅三　１０００円と１００円。

父　そう、会社の株が高いか安いかを評価するには、時価総額を見なければならない。だからこの2社の時価総額は等価である。だけど現実には発行済み株式数を増減させることによって株価の動きが変わることがある。まず、自社株買いをすると、市場に流通する株式の量が減る。そうすると需要と供給のバランスがそれまでと変わって、一株当たりの値段が上がる。この需要と供給による価格への影響は経済学の初歩で習うことだけど、平たく言えばモノは余ると安くなって、足りないと高くなるということ。

梅三 それ当たり前と思うけど。

父 当たり前のことを難しく言うのが、時には学問だったりする。

竹二 アップルの場合は市場で出回る株式の量が減ったことによって、株価が上がった、ということ？

父 梅三の理屈を説明すると、そういうことになるね。ただしアップルの時価総額は1兆ドルを超えていて、供給が足りなくて値段が上がるようなことは考えにくいから、この需給バランスの話はまあ、株価が上がった理由としては、そんなにたいした影響は与えていないと父さんは思うけどね。ただ四半期配当を増やしたことは、株価に与える影響は大きかったと思うよ。

竹二 なるほど。

父 とにかく株式投資入門者のレポートとしては上出来でした。ところで、二人とも父さんのアンチ・アップルは知ってると思う。

竹二 アップル製品はうちの敷居を跨《また》がせないってよく言ってるよね。

父 これからその理由を話そうと思う。

■アップル製品にはうちの敷居を跨がせない理由

父 さっき竹二がアップルのスマホ市場全体の利益のシェアは85%って言ってたけど、それはいつのデータ？

竹二 22年[※4]だったと思う。

父 以前はもっと利益のシェアが高かった。15年[※5]は92%だった。

竹二 ほとんど全部じゃん。

父 そうなんだ。当時は世界で1000社以上がスマホの本体を製造してたけど、利益を出していたのはアップルだけと言ってもいい状態だった。台数だけで見れば圧倒的にアンドロイドスマホの方が多いのにね。

梅三 儲け過ぎだよね。

父 そう。アップルは儲け過ぎ。そしてそれが父さんがアップル製品を買わない理由。企業としてのアップルはすごいよ。でもいち消費者の立場としては利幅があまりに大きい商品を買ってはいけない。同じ結果が得られるのであれば、払うお金を最も少なく済ませるのが、賢い消費者であり、投資家だ。

梅三 どういうこと？

父 例えばスマホで検索するとしよう。検索バーに文字を打ち込んで表示された結果をクリックしてブラウザで見る。これはどんなスマホを使っても同じ。他にも例えばアップルミュージックじゃないと聴けない音楽ってある？

竹二 ないと思う。YouTube、Spotify、アマゾンミュージックで聴ける。

父 LINEもインスタもメールも、アンドロイドのスマホでできるでしょ？

梅三 エアドロップ[※6]ができない。

竹二 写真を共有するという結果を得るのが目的なら、他の方法で送ればいい。

父 そう。PCだって、マックフリークの友達に言わせると、Macはウィンドウズのアップデートみたいなのがないからストレスフリーだとか、ウイルスを心配しなくていいとか、画面がきれいだとかいろんなこと言うけど、父さんにとってはどうでもいい。ウィンドウズPCで書いてもMacで書いても原稿料は同じだし、書くスピー

ド も同じ。そもそも書く時間より考えてる時間の方が圧倒的に長いしね。

梅三 アップル製品でしかできないことって、あるようでないのかな。

父 細かく言えばあるよ。登場当初のクラブハウスみたいにアップル製品でしか動かないアプリとか。でも目的を大きく捉えれば、基本的にはない。

竹二 でも周りはiPhoneユーザ多いんだよなぁ。

父 日本人は結構アップルの株価上昇に貢献しているよ。スマホ市場のiPhoneのシェアは日本が世界トップだ（次ページ図表9）。

竹二 えー！

梅三 ホントだ。アメリカより高い。

■なぜ日本人にiPhoneユーザが多いのか

父 そうなんだ。世界全体で見ると約71％とアンドロイド[※7]のシェアの方が多い。さらに20年の国別のシェアを見てみると多くの先進国でiPhoneはそれなりにシェアがあるけれど、途上国はとても小さい。

竹二 だって値段が高いもんね。

図表9　アップルそれともアンドロイド？　スマホ市場のシェア

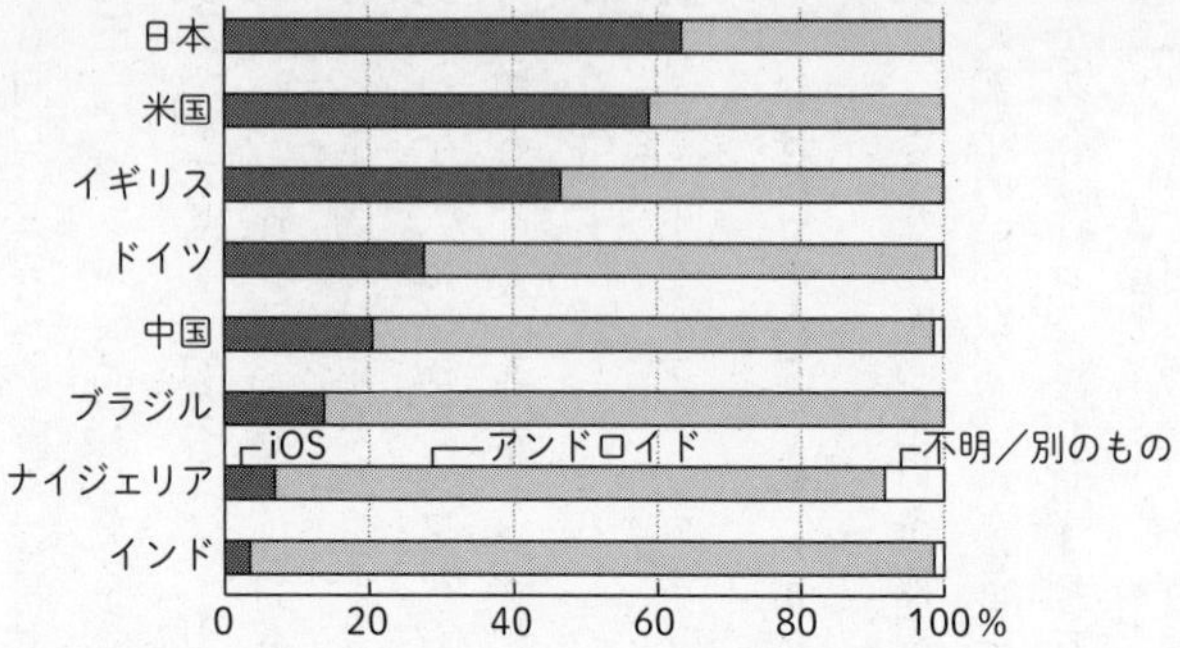

出所：https://www.statista.com/chart/22702/andoid-ios-market-share-selected-countries/

梅三　やっぱ日本人は金持ちだってことかな。

父　うーん、確かに金持ちの部類ではあるけれど、iPhoneのシェアが高いのは他にも理由があると思う。父さんの考えでは、最初に日本に導入したソフトバンクがハードウェアの値段をはっきり示さずにたくさん売ったことが理由だと思うね。

竹二　どういうこと？

父　日本では長いこと、端末の販売を実質的に分割払いにして、通信料にまぶしていた。例えばiPhoneが7万2000円だとすると、それを例えば2年払いにすると1カ月当たり3000円になるよね。その3000円を月額の通信料金に含めるように見せるやり方をしていた。さらにいろんな割引を加えてアンドロイド端末を買うのとそれほど変わらなく見える価格設定をしていたんだよ。まあアンドロイド端末もソニーとかシャープの高価格帯の機種が中心だったから、当時は高かったんだけどね。ところが他の先進国では通信料と端末代金は明確に分かれていた。

梅三 だから日本はｉＰｈｏｎｅが多いのか。

父 その影響は大きいと思うよ。ところが少し前に国がそのやり方を禁止した。つまり通信料と端末代金を分けて消費者に提示することを義務付けた。さらにここ数年はアンドロイドの安い端末も売られるようになって、消費者の選択肢が広がった。でも、使い慣れたサービスを変えるのはめんどくさいんだよね。だからそのままｉＰｈｏｎｅを使い続けている人がまだ多いんじゃないかと思う。

竹二 じゃ今後は変わるかもしれないね。

父 そう思うよ。ちなみに父さんは10年以上前から安いＳＩＭを使って、端末は端末で個別に買ってる。君らのＳＩＭと端末もそうなってる。

竹二 得られる結果は一緒だから？

父 その通り。だけどアップルの株は買う。**父さんにとってはアップルは株を買う**

会社であって、製品やサービスを買う会社ではない。

竹二　その考え方、面白い！

父　でも正直に言うと父さんもアップル製品は持っている。一通り試してるよ。社会勉強としてね。だけどだいたいわかったらすぐに売っちゃう。ありがたいことに中古も高く売れるからね。

梅三　えー、俺に回してよ。

父　ダメ。自分で稼げるようになったら自分で買いなさい。アップルという会社は本当にすごいと思う。アップルには信者がいる。使い心地がいい、画面がきれい、質感がいいとか、いまやアップルらしさとは何かについて、お客が一番わかってるんだと思う。でも父さんは興味がない。高い車に乗っても安い車に乗っても、到着時間が変わらないのと同じでね。

梅三　投資家ってなんかケチだね。

父　ケチじゃなきゃ投資では勝てません！

図表10　投資家の視点では、会社は4つに分類される

	低（利益率）	高（利益率）
買いたい	①利益率が低い 消費者として 買いたい	②利益率が高い 消費者として 買いたい
買わない	④利益率が低い 消費者として 買わない	③利益率が高い 消費者として 買わない

低　利益率　高

出所：著者作成

■消費もするし、株も買うのがベストな会社

父　投資家の視点では、会社は次の四つに分けられると思うんだ（図表10）。

いい会社ってのは②の利益率が高くて消費者としても買う会社だと思うね。ちなみに消費者として買うか買わないかは主観的、つまり好き嫌いで考えたらいいよ。アップルは父さんは③だと思うけど、②だと考える人もたくさんいるしね。いずれにしても②の会社から検討していくとよいと思う。

君らも知ってる会社で言えば、②は丸亀製麺（トリドールホールディングス）、

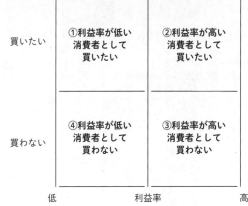

セリアなんかは消費者としてのお得感と会社としての利益率のバランスがいい会社なんだと思う。

竹二 丸亀、セリアが好きな人はお金持ちになれる、ってやつね。

父 その通り。

まとめ

- アップルが一度は時価総額でナンバーワンに輝き、いまも世界2位の地位を維持している理由は、ハードウェア、サービスともに収益性が高く、株主還元策を積極的に実行しているからである。
- 同じ結果が得られるのであれば最もコストの安い選択をするのが正しい投資家の態度である。
- 消費者にとってお得すぎる会社は投資対象としては魅力的ではない。
- ケチでなければ、投資では勝てない。

※１　製品の原材料・部品の調達から、製造、在庫管理、配送、販売、消費までの全体の一連の流れのこと。
※２　投資先の経営陣に株主の視点からの改善を積極的に提案する「物言う株主」として知られるアメリカの投資家。
※３　Take Over Bid（株式公開買付）の略称。買収や経営の実権を握る目的で、上場企業の発行する株式を、通常の市場取引でなく、あらかじめ買い取る期間、株数、価格を提示して、市場外で一括して買い付けること。新規上場した銘柄の、最初に売買が成立した値段のこと。
※４　https://www.itmedia.co.jp/mobile/articles/2302/05/news037.html
※５　ウォール・ストリート・ジャーナル「アップル、スマホ業界の利益シェア92％に拡大」（２０１５年７月13日）https://jp.wsj.com/articles/SB11495408658641713516104581104850235502930
※６　近くにいるｉＰｈｏｎｅユーザ同士で様々なデータの共有を簡単に行える機能。Ｍａｃやｉ Ｐａｄなどほかのアップル製品でも共有可能。
※７　「世界30カ国のｉＰｈｏｎｅとＡｎｄｒｏｉｄのシェア率を比較【２０２３年最新版】」https://101010.fun/posts/mobile-share-ios-android.html

02 株価情報、どう見ればいいの？

■「プライム」「スタンダード」「グロース」って？

父　今日は初歩的な株価情報の見方をやっていこう。できれば株価分析をやってみようと思う。

竹二　結構最終ステップな気がする。

父　入門編としてはそれに近いかも。じゃ、何でもいいから会社名言ってみて。

竹二　日本？　海外？

父　日本。

竹二　セブン-イレブン。

父　よし、セブンにしよう。ちなみにセブン-イレブンという会社で上場はしていなくて、持ち株会社のセブン&アイ・ホールディングスという会社で見てみよう。例

図表11　セブン＆アイ・ホールディングス　トップ画面

3382：総合小売・食料品小売　プライム｜日経平均採用｜JPX日経400採用

【総合小売業】セブン-イレブン、イトーヨーカ堂など傘下に持つ。

現在値(15:00)：**2,136.0** 円　前日比：**＋7.0(＋0.33%)**

| トップ | ニュース | チャート | 株価 | 業績・財務 | 企業開示情報 | 企業概要 | 株主情報 | コンセンサス |

始値 (9:00)	2,090.0 円	売買高	6,593,900 株
高値 (12:45)	2,146.5 円	予想PER ?	24.4 倍
安値 (9:00)	2,090.0 円	予想配当利回り ?	1.76 %

📁 銘柄フォルダに追加　株主優待

・関連銘柄から探す

イオン　ローソン　KDDI

PBR（実績）?	1.45 倍	年初来高値(24/2/29) ?	2,244.5 円
ROE（予想）?	6.20 %	年初来安値(23/10/24) ?	1,720.7 円
株式益回り（予想）?	4.09 %	10年来高値(24/2/29) ?	2,244.5 円
普通株式数 ?	2,633,226,549 株	10年来安値(20/8/3) ?	979.2 円
時価総額 ?	5,624,571 百万円	売買単位	100 株

出所：「日経会社情報DIGITAL」2024年3月15日データ

によって「日経会社情報DIGITAL」を開いて、検索バーに「セブン」と打ってみよう。そこからセブン&アイのページに行くとこんな画面が表示される。一つひとつ見ていくことにする。ちょっと退屈かもしれないけど、重要なことだから一通り説明していくよ。

　まず一番上から。ここに「3382」という数字がある。これは「銘柄コード」と呼ばれるもので、企業それぞれに一つの番号が振られている。その横に「総合小売・食料品小売」とある。これは業種の分類。

梅三 この「プライム」って何？

父 「プライム」とあるのは、上場している証券市場。日本には証券取引所が東京、名古屋、福岡、札幌の四つある。

梅三 大阪はないんだ。

父 以前はあったけど、13年に東京証券取引所と一緒になって、いまは上場株式の取引はしていない。そして東京証券取引所の中には、プライム、スタンダード、グロース、TOKYO PRO Market の合計4つの市場がある。このうち、TOKYO PRO Market[※1] はいわゆるプロの投資家しか売買できない市場。だから実際、俺らが売買できるのは3つの市場から。

梅三 よく聞く「東証一部」っていうのは？

父 22年に再編があったんだ。以前は大企業中心の東証一部、中堅クラスの企業が上場する東証二部、新興企業向けのＪＡＳＤＡＱやマザーズと、会社の規模とか財務状態の安定性などの条件で分類されてた。でもいまは、東証プライムは流通時価総額１００億円以上、スタンダードは10億円以上、グロースは5億円以上っていう明確な

図表12　東証は4市場から3市場に移行

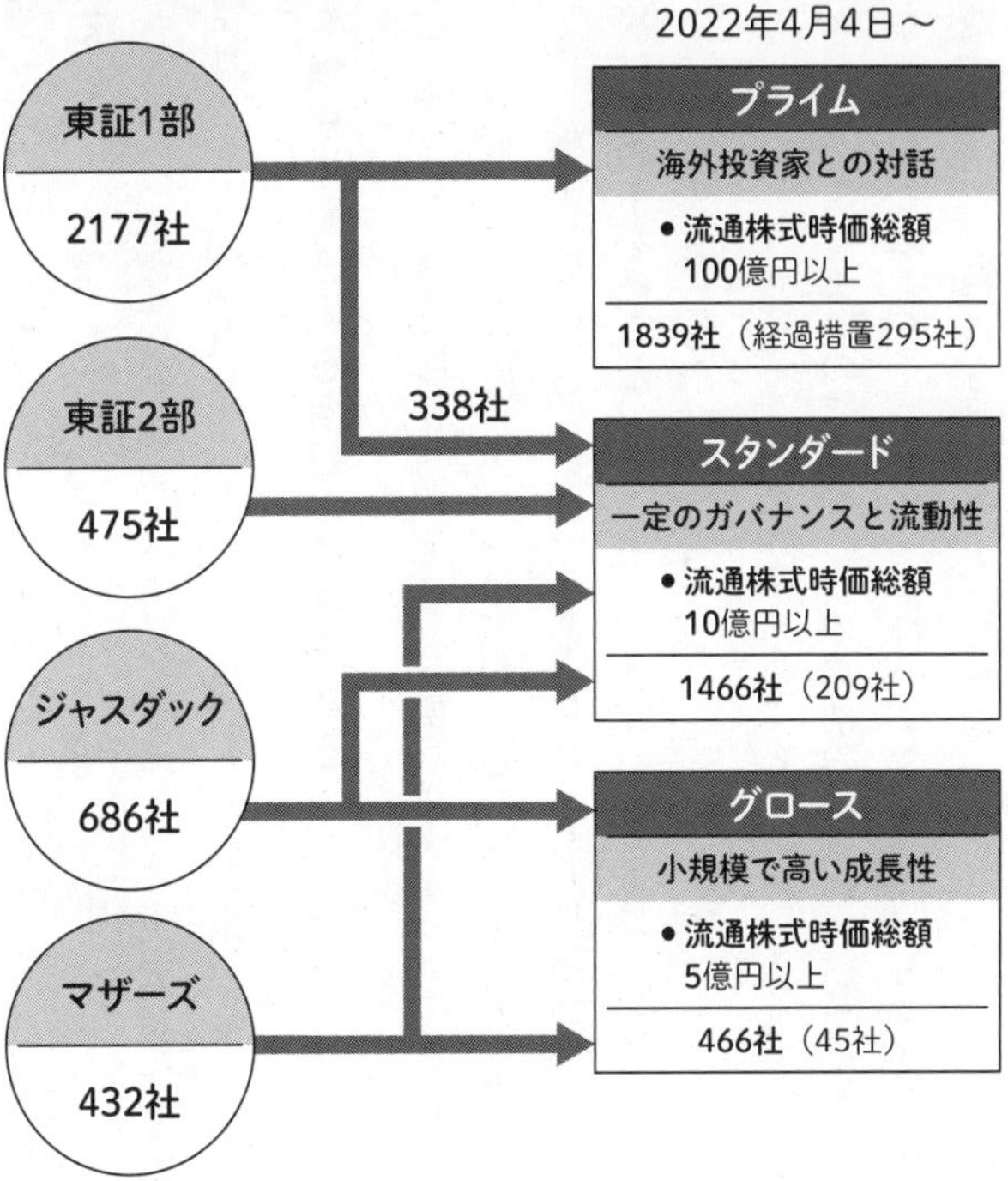

(4月4日の新規上場を1社含む)

出所：日本経済新聞電子版2021年9月7日「東証に新たな3市場 再編の狙いをビジュアル解説」より
注：会社の数などデータは上記記事の掲載時点

基準ができた。プライムだったら他にも、株主数が800人以上は必要、とか基準がある。

ちなみに、流通時価総額っていうのは、前に説明した時価総額から、銀行や経営者・役員などが保有している市場に出回らない株の総額を除いたものね。

■株式に関連する情報の意味を知る

竹二 セブンは流通時価総額が100億円以上あって、東証プライムってことだね。

父 時価総額5兆円だからね。文句なしのプライム企業。さっきの情報の横に移ると、「日経平均採用」銘柄で、JPX日経400採用銘柄[※2]ともある。

次にその下を見ると、この会社の概要が記されている。

竹二 イトーヨーもセブンなんだ。

父 そう。イトーヨーカドーもセブン&アイ・ホールディングス傘下の企業の一つなんだよ。ここまでの二行が、この銘柄の超概略。「総合小売・食料品小売」のタブをクリックしてみよう。左から三番目の「業界動向」をクリックすると、該当する業界に関する情報が整理されたページに飛ぶ。

梅三　「百貨店　GMS　スーパーマーケット　コンビニエンスストア　ドラッグストア」って書いてある。

父　ここは、総合小売・食料品小売のジャンルが、「百貨店」「GMS」「スーパーマーケット」「コンビニエンスストア」「ドラッグストア」とさらに細かく分類されている。クリックするとそれぞれの業界の「解説」が読める。セブン&アイ・ホールディングスは、この中で「GMS」に分類される。GMSは総合スーパーのこと。ゼネラル・マーチャンダイズ・ストア（General Merchandise Store）の略語な。

竹二　総合スーパー全体の流れを見ようと思ったら、ここを読めばいいわけね。

父　そう。次にメニューの中の隣「企業一覧」を見てみよう。売上高の大きい順に表される（次ページ図表13）。

竹二　セブンってやっぱり業界トップなんだね。

父　そうだね。売上いくら？

梅三　えーっと単位が百万円とあるから、十億、一兆の、11・8兆円。

竹二　11・8兆円！

父　でかいよね。2位のイオンは9・1兆円。

図表13　総合小売・食料品小売　銘柄一覧

トップ　マーケット　株式　企業業績・財務　為替・金利　ランキング　投資信託　朝刊・夕刊

総合小売・食料品小売　フォローする

トップ　ニュース　業界動向　企業一覧　銘柄一覧

証券コード	会社名		売上高:百万円
3382	**セブン&アイ・ホールディングス** 【総合小売業】セブン-イレブン、イトーヨーカ堂など傘下に持つ。	2023年2月期	11,811,303
8267	**イオン** 【総合小売大手】総合スーパー、不動産、金融、専門店など展開。	2023年2月期	9,116,823
9020	**ＪＲ東日本** 【国内最大の鉄道会社】JR7社のリーダー格。関連事業を強化。	2023年3月期	2,405,538
9041	**近鉄グループホールディングス** 【私鉄で営業キロ最長】西日本地盤。ホテル、百貨店、旅行会社など幅広い。	2023年3月期	1,561,002
9022	**ＪＲ東海** 【東海道新幹線】好採算の新幹線が収益源。グループで新事業展開。	2023年3月期	1,400,285
9021	**ＪＲ西日本** 【西日本地盤】営業エリアは2府16県。京阪神の都市圏輸送に強み。	2023年3月期	1,395,531

出所：「日経会社情報DIGITAL」2024年3月15日データ

梅三　3位にJR東日本があるけど、これは電車の会社じゃないの？

竹二　ホントだ。JR東海とかJR西日本とかもある。

父　このランキングは厳密な業種分類じゃなく、「小売業」にタグ付けされた会社がすべて入ってる。JRはエキナカやってるし、それ以外はデパートやスーパーも運営してるからね。

竹二　駅ビルの「アトレ」とかもJR東日本がやってるんだよね。

図表14　ローソク足と移動平均線

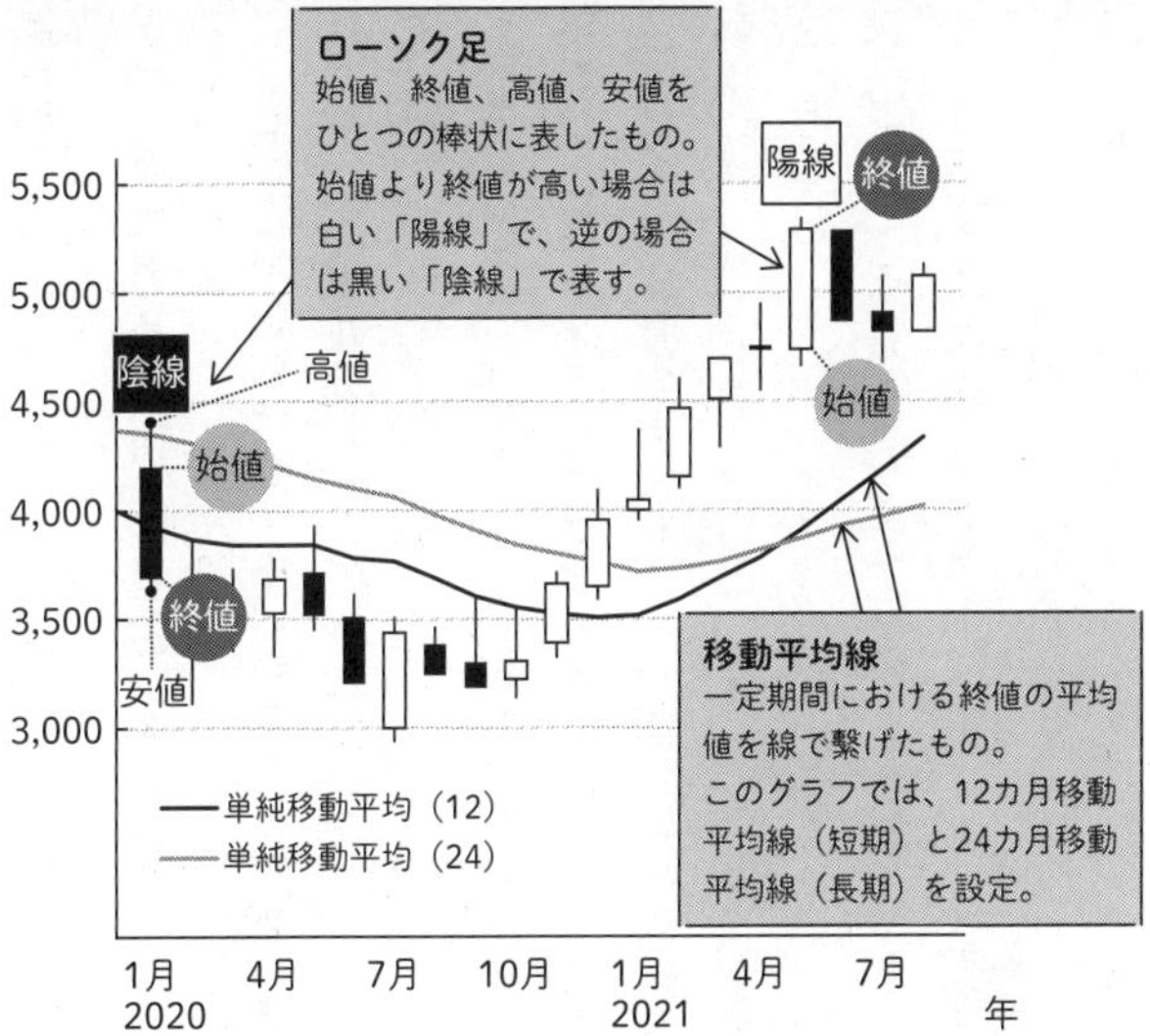

出所：著者作成

父　そう。次にセブンの企業情報の見方を一通り最後まで見てみよう。さっきのセブンのトップページに戻るよ。まずは「チャート」に行こう。これまでも見てきたから何となくは理解していると思うんだけど、この「スマートチャートプラス」でもう少し詳しく見てみよう。

上の行に「1日」「5日」などとあるけど、これはチャートを表示する単位を示している。この講座では長期投資を目指しているから、5年や10

年の期間で見るといい。チャートの見方を簡単に説明したのが図表14だ。

■「テクニカル分析」は星占いと同じ？

父　ところでこのチャートの形を見て将来の株価が予測できるという説がある。それは「テクニカル分析」と呼ばれている。

梅三　何か、カッコイイね。

父　さらにその分析手法の名称もカッコイイ。代表的な売り買いのサインとして移動平均線の動きをチェックするものがある。このセブンの10年チャート（図表15）で言えば、19年の4月のあたりに、短期移動平均線（このグラフでは単純移動平均（12））と長期移動平均線（単純移動平均（24））がクロスしているところがある。

竹二　あるね。

父　短期と長期がどのようにクロスしている？

竹二　短期移動平均線が下向きになって、長期移動平均線を下回った。

父　こういう状態になるのを「デッドクロス」という。そしてデッドクロスが生じると「売り」のサインだと言われる。「売り」のサインとは、これから株価が下がって

図表15　セブン＆アイ　スマートチャート

出所：「日経会社情報DIGITAL」2024年3月15日データ

いく傾向にあるとチャートからは読める、ということだ。

梅三　確かに、ここから株価は下がってる。

父　もう一つ、「デッドクロス」の逆「ゴールデンクロス」というのがある。このチャートだと21年の4月ごろにそれが表れている。短期移動平均線が長期移動平均線を上回ってるよね。

竹二　そして実際株価は上がり始めたと。1300円くらいから、2200円まで。

梅三　おお、この分析すごいね。

父　そう見えるよね。でも実際のところそれはたまたまなんだ。ゴールデンクロス／デッドクロス理論は当てはまるときもあれば、当てはまらないときもある。加えてその有効性はランダムだ。つまり、役に立たない。

竹二　そうなの？　じゃあ何でテクニカル分析の話を俺らにするの？

父　それはこの先、株式投資をし始めると、必ずテクニカル分析による株式評価情報を目にする機会が頻繁に訪れるだろうと思うから。テクニカル分析結果は星占いと変わらない、と俺は思う。それらに惑わされないようにしてもらうためだ。

竹二　転ばぬ先の杖、ってやつ？

父　そう。「専門家」と称する人たちは皆もっともらしいことを言う。チャートを見ると抵抗線[※3]とか、支持線とか確かにそういうトレンドがあるような気がしてくる。だけど抵抗線も支持線も「これ以上の値上がりを抵抗しているように」「これ以上の値下がりを指示しているように」見えるだけであって、個人的意見、錯覚、希望といった類のものだ。学校で星座って習うよね。こぐま座って小熊に見える？

梅三　見えない。

父　それと同じように株価のチャート分析も解釈の一つにすぎない。

竹二　そうなんだ。

■チャートはあくまで過去を把握するためのもの

父　だって自分で一通り全部確かめたもの。もう10年以上前になるけど、日経平均のデータを使って主要なテクニカル分析手法を全部試した。その結果常に儲かるパターンは一つもないことがわかった。

竹二　ゼロ？

父　完全にゼロ。Aという必勝法があるとする。確かにある期間を取ると手法Aで大勝ちすることもあれば別の時期では大負けすることもある。では別の手法Bを組み合わせるとどうかと言えば、パターンが見出されなくなったりする。成果が実証できる法則は全くなかった。それまではチャートを見ながら売り買いするべきで、勝てないのはチャートへの理解が足りないと思っていたんだけど、そうではなかったことがデータに基づく実験で明らかになった。

竹二　じゃあチャートは見なくていいってことでもある？

父　いや、見た方がいい。過去にどういう動きをしていたかという事実を理解するには役立つ。だけど将来を予測するには役に立たない。

梅三　この前父さん、株価は将来によって決まる、過去は関係ないって言ってたのと同じ話な気がする。

父　いいポイントだね。チャートはどんな形をしていようとも過去の情報であることには変わらない。将来の株価形成に過去の情報は無関係であることを踏まえれば、チャート分析で株価が予測できないことは理解してもらえると思う。

■意外とみんな把握していない「PER」の本当の意味

父　ここからはセブンの株価情報ページに戻って、真ん中あたりにある丸い「株価指標」ボタンを押すと出てくる情報について見ていこう。ここに出ている数字のうち、株価情報を理解するために大事な用語について解説しよう。

用語の説明は一覧表（図表16）にまとめたんだけど、ここでは多くの投資家が常にチェックしている指標であるPERとPBRについて説明していくことにする。まずPERについて。読み方は「ピー・イー・アール」とアルファベットの頭文字をそのまま読むのが通例。これはPrice Earnings Ratio、**株価**（Price）**が利益**（Earnings）**の何倍か**（Ratio）**を表す指標**のこと。セブン＆アイ・ホールディングスの表では、予想

図表16　株式投資で使う主な用語とその意味

用語	意味
PER	株価収益率（Price Earning Ratio）　株価をEPSで除したもの
EPS	1株利益（Earnings Per Share）
配当利回り	配当金を株価で除したもの。予想とあるのは今期の予想利益を用いているため
PBR	株価純資産倍率（Price Bookvalue Ratio）　株価を1株あたり純資産（BPS）で除したもの
BPS	1株あたり純資産（Bookvalue Per Share）のこと
ROE	自己資本利益率（Return On Equity）　純利益を自己資本で割ったもの。株主が投入した資金を使って、どれだけ稼げたかを示す。数字が大きいほど、株主から見た収益が高い企業ということ
株式益利回り	EPSを株価で除して算出。PERの逆数（＝1÷PER）

出所：著者作成

ＰＥＲが24・4倍と表示されているね。これはセブンの予想利益を発行済み株式数で割った数字、つまり予想一株利益で、現在の株価を除した（割り算した）数字ね。逆に言えばいまの株価を予想ＰＥＲで割ると、一株利益を計算できる。

竹二　ふむふむ。

父　さて、このＰＥＲは一体何を意味する数字なのか、きちんと理解している人は実は少ない。大事な考え方なので、詳しく見ていきたい。第1講の時に会社の売買をするときには一般的に利益の何倍かという考え方で値段をつけるという話をしたけど、覚えてる？

竹二 ああ、会社を買うときに利益の10倍で買うか、50倍で買うか、とかいう話だったっけ。

父 そう。利益が1億円出てる会社の話。毎年1億円利益が出る会社を1億円で売る人はまずいない。買いたい人の中には利益の10年分なら欲しい、50年分まで払うという人など様々だ。ここは大事な議論なんだ。何で人によって幅があると思う？

梅三 お金が余ってるから？

父 まあそれは正しいよ。会社を買う人はお金が余ってる人だからね。父さんの質問は買いたいという倍率に差があるのは何でか。

竹二 強気か弱気かの違い？

父 正解。だけどほとんどの株の議論はここで終わっちゃうし、皆納得しちゃうんだ。だけど、もうちょっと突っ込んで、強気、弱気の根拠は何だろう？　実は前回の時にも触れたよ。

竹二 覚えていない。

父 じゃ、説明するよ。売りに出されている会社を買って代わりに経営したいと考えている人が複数いるとしよう。ともにお金は持っているという前提。ある人はこの会社はもう成長が頭打ちだけど手堅いビジネスだからこの先生み出されるであろう毎年1億円の利益が欲しいと考える。この人を「中立」と見なすことにする。強気の人は自分が経営したら利益が少なくとも倍の2億円、もっとうまくやれば5億円にできると考えるとする。

竹二　弱気の人はいまの1億円がピークでこれから減っていくと予想すると。

父　そう。整理するとこうなる。

- 強気：自分が経営すれば1億円を超える利益を出せる
- 中立：この先も利益は1億円のまましばらく続く
- 弱気：いまの1億円の利益がピークで、この先は減っていく

父　仮に中立の人がつけた値段が利益の10倍＝10年分だとする。強気の人が50倍を付けるとすれば、10倍と50倍の差の根拠は何だということだ。その答えは実は簡単で、強気の人は利益を5倍にできると考えているということ。

図表17　株価収益率（連結決算ベース）

項目名	前期基準	予想
日経平均	18.41倍	16.45倍
JPX日経400	17.53倍	16.51倍
日経300	18.60倍	16.58倍
日経500平均	18.94倍	16.66倍
プライム全銘柄	18.59倍	16.48倍
スタンダード全銘柄	16.60倍	15.21倍
グロース全銘柄	131.73倍	55.17倍

出所：「日経会社情報DIGITAL」2024年3月15日終値時点データ

梅三　それなら結局10倍になる、ということか。

父　そういうことなんだ。もちろん「利益を5倍にできる」という根拠は本人にしかわからない。でも「他の人よりも5倍高く買う」という行動には根拠があるんだ。そして上場株のPERについても同じ考え方で捉えることができる。いま時点での日経平均のPERを見てみよう。

竹二　日経平均にもPERってあるの？

父　もちろんあるよ（図表17）。日経平均採用銘柄の利益の合計で割れば算出できる。同様に東証全体、日本株全体、NYダウ、ナスダックのPERも見られる。それで見ると現時点での日経平均のPERは前期基準で約18・41倍、予想ベースで16・45倍となっている。

竹二　この表の「前期基準」と「予想」は何が違

うの？　数字がずいぶん違うのが気になる。

父　「前期基準」とは、最新の年度に確定した決算の利益に基づく数字で、予想は現在動いている年度の予想利益。この表を単純化して説明すると、22年度の実績として確定した利益をもとに現在の日経平均の株価収益率、つまりＰＥＲを計算すると18・41倍で、23年度の終わりに日経平均銘柄２２５社が生み出すであろう利益の予想から見れば、いまの日経平均のＰＥＲは16・45倍ということだ。この数字の意味するところはわかるかな？

竹二　ヒントちょうだい。

父　ＰＥＲ＝日経平均株価÷利益（前期実績または予想）。分子が同じで、分母が変わることで、答えが変わる数式。梅三、どうだ？

梅三　割り算の商が小さくなってるから、分母が大きくなった、ってこと？

父　ではいま取り上げている日経平均のＰＥＲの「前期基準」と「予想」の話で言えばどういう変化がある？

梅三　「前期基準」よりも「予想」の方が数字が小さい。

父　ってことは？

竹二　前期よりも予想の方が利益の額が大きい。

父　そうだね。日経平均に採用されている銘柄は、前期よりも今期のほうが利益が大きくなると予想している、ってことを意味する。

■日経平均PERの推移に見るコロナ禍の投資家心理

父　では次にこの18倍とか16倍とかいう数字をどう捉えるかを知るために、過去10年の日経平均のPERの推移を見てみよう。ちょうどいい新聞記事があったからちょっと古いけど、これを参考にするよ（図表18）。PERの推移はどうなっている？

竹二　15倍前後を行ったり来たりして、20年になって急に上がってる。

父　そうだね。過去10年をならすとPERは14倍くらいだった。でも下側の山グラフを見ると、一株当たり利益は増えている。だから株価はずっと上がってきたというわけだね。でもコロナ禍が始まって企業収益≒一株利益は減ったけども、PERは上がった。実際14倍から20倍近くまで上がった。

これは何を意味しているかというと、コロナ禍が始まった後、市場参加者は株式投資に対して「相対的に」「強気」になったということを意味している。「相対的に」と

図表18　足元でPERが再び上昇している

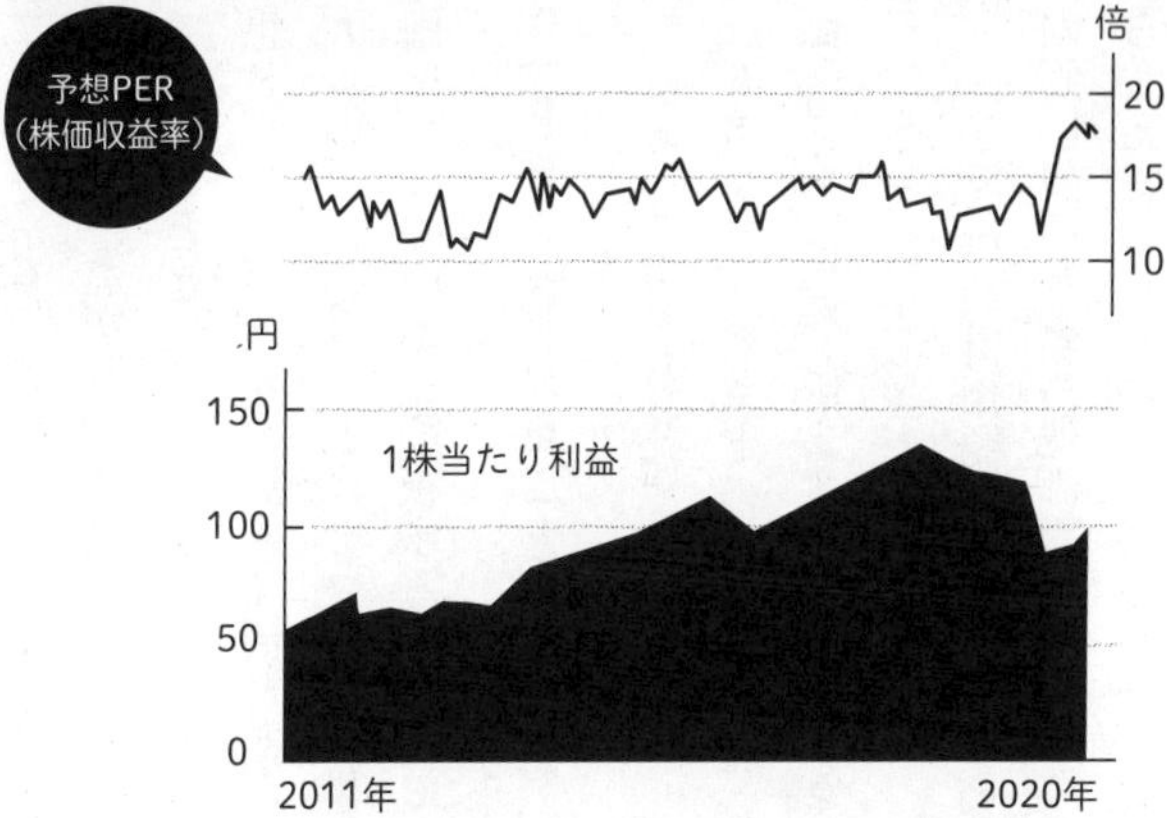

出所：J.P.モルガン・アセット・マネジメント、東証1部上場銘柄が対象　日本経済新聞電子版2020年12月29日「30年ぶり高値の日経平均 デジタル・脱炭素が主役」より

いう言葉を使ったのは、ＰＥＲにはこれが適切だという数字が理論上存在しないから、あくまで過去に比べてということだ。

竹二　コロナで皆大変だけど株には強気だってのは不思議な感じ。

父　コロナ禍が始まったころは皆弱気だった。実際20年の3月は大暴落した。でも3月24日をボトムに株式相場は上昇に転じた。これはアメリカをはじめ先進国が経済を支えるためにお金を配りまくったことがきっかけだと考えられている。そしてさっき見たように、日経平均採用銘柄の予想利益も増えると考えられている。

竹二　ってことは株はまだまだ上がるの？

父　本当に上がるかどうかはわからないけど、市場参加者の総意はまだ上がると考えていることが読み取れる。ちなみにセブンの例からこの話を始めたから、セブンの予想ＰＥＲに戻ると、24・4倍とある。この数字は日経平均の予想ＰＥＲ16・45倍より大きい。ということはセブンは市場平均よりは良いだろうと投資家が考えていまの株価をつけていると解釈することができる。

■「ＰＢＲ」を見ることで何がわかるのか

父　もう一つＰＢＲについて説明しておこう。ＰＢＲは「ピー・ビー・アール」とこれもアルファベットの頭文字を読むのが一般的で、Price Book-value Ratio の略。株価（Price）に対して資産の簿価（Book-value）の割合（Ratio）という意味。

梅三　Book は本じゃないの？

父　Book は会計用語で「帳簿」という意味で使われる。会計の帳簿上に記された資産の価値のことを「簿価」と呼ぶ。ちなみに「簿記」のことは Book-keeping というから覚えておくといいよ。ついでにもう一つ豆知識。Book-keeping がなまって「ボ

図表19　純資産倍率（連結決算ベース）

項目名	純資産倍率（PBR）
日経平均	1.49倍
東証プライム全銘柄	1.43倍
東証スタンダード全銘柄	1.04倍
東証グロース全銘柄	3.37倍

注：「日経会社情報DIGITAL」2024年3月15日終値時点データ

キ」という日本語の音に「簿記」という感じを当てたという説がある。

梅三　へぇ、面白い。

父　最近の風潮に倣って「諸説あります」って言っとく必要があるか（笑）。それはともかく、資産の簿価とは、ある時点で会社を畳んで資産を全部売った時の値段。店舗、在庫、土地、システム全部売って、借金を全部返した後の資産を純資産という。それに対して時価総額が何倍かという指標がＰＢＲ。さっきＰＥＲについて話したときに使ったのと同じ表を見てみよう（図表19）。表のタイトル「純資産倍率」はＰＢＲと同じ意味だ。梅三、日経平均のＰＢＲは何倍と書いてある？

梅三　1・49倍。

父　この1・49倍が何を意味するかを説明するね。まず株主は持ち分に応じて会社の純資産を保有している。会社は資産を活用してモノやサービスを売って、必要な経費を払って利益を残す。会社に利益が残るということは、株主の持つ純資産額も増えるということを意味する。PBRが1倍ってことは、株式を売却する場合と、会社の資産を全部現金に換えて解散したときに、株式と引き換えに受け取るお金の価値が同じだということだ。儲かっていて、将来も期待されている会社のPBRは理屈上1倍を上回る。

竹二 「スタンダード全銘柄」の純資産倍率は1・04で、「プライム全銘柄」1・43、「グロース全銘柄」3・37よりも小さいね。グロースが一番大きいんだ。

父 東証グロース銘柄全体のほうが、スタンダード銘柄全体よりも将来の利益の伸びを期待されている、と読み解くことができるね。

竹二 なるほど。

父 あともう一つだけセブンの詳細情報の中の数字を見ておこう（P145図表11）。それは**予想配当利回り**。これは**配当金の額が、その時点での株価の何パーセントに当たるかという率を示したもの**。表示されている予想配当利回りは1・76％、株価2136円に対して1・7％の配当ということは約36円ってことになる。「予想」として示されていることの意味は、配当金は毎年絶対にこの金額と決まってないけど、日経平均に採用される銘柄であれば予定調和的に払われる。よほどのことがなければ。

梅三 1・7％って高いの？

父 それはなんとも評価しがたい。普通預金の金利と比べたらおよそ2万倍だから、それは高い。配当金額は毎年ほぼ固定だけど、株価は上下に動く。ということは、株価の変動によって配当金よりも株価が下がることで発生する含み損のほうが大きいということも普通にある。2％なんて1日で動いちゃうからね。だから初心者の銘柄選びに関しては配当金の多寡は考慮に入れなくていいと思う。

■株価はEPSとPERの掛け算によって決まる

父 さて、ここまで「日経会社情報DIGITAL」の画面を使って、株価情報の見方の基本をざっと見てきたけど、最後に株価がどのように決まるかをもう一度おさらいしたい。梅三、株価は何で決まる？

梅三 会社の将来の利益。

父 そうだね。だけど本当はもう一つある。それがさっき説明したPER。これまでは話を簡単にするために、株価は「企業の将来の利益」をベースにそれを何倍で買

図表20

株価を決める2つの要素

株価 ＝ EPS（一株利益） × PER（株価収益率）

EPS：通常は来期の予想利益。会社予想、アナリスト予想などベースとなる情報は提供メディアによって異なる

PER：市場参加者の強気／弱気度のその時点での総意。科学的に証明された「適切」な値は存在しないため、過去、業種間、類似銘柄などとの比較により相対的に用いるのが現実的

株価が大きく変動する理由

EPS（一株利益）	×	PER（株価収益率）		株価変動幅
大きな増収予測	×	一層の成長期待、強気相場	⇒	大きな上昇
大きな減収予測	×	衰退の懸念、弱気相場	⇒	大きな下落

出所：著者作成

うかという投資家それぞれの意見の総意で決まる、という、ちょっと持って回った表現をしていたけど、PERを理解してもらったから説明はよりシンプルになった。

株価 ＝ EPS × PER

父 この計算式（図表20）で見ると、株価が大きく変動する理由がわかるんじゃないかなと思う。EPSの予想が大きいと、この会社はもっと伸びるんじゃないかという期待からPERも上がる。だから株価は大きく上がる。その逆の場合は大きく下がる。

梅三 掛け算だものね。

父 そう。それからもう一つ、EPSは個別企業の事情だけれど、PERはそれ以外のさまざまな要素に影響されて日々刻々と変動する。さっき投資家の強気・弱気を相対的に比較する指標だという説明をしたけれど、やっぱり東日本大震災のあと数日や、コロナ禍の最低だった20年3月24日なんかはPERは相当下がったんだ。

まとめ

■「日経会社情報DIGITAL」では株式に関する基本的な情報のほとんどが手に入る。

■チャートを見て将来の株価を予測することは不可能である。そのためすべてのテクニカル分析は、現状を説明する一つの視点を与えているにすぎず、売り買いの決断にとっては無意味である。

■**株価 ＝ EPS（一株利益） × PER（株価収益率）**で決まる。

■掛け算であるため、上がるときは大きく上がり、下がるときは大きく下がる。

■**PERは対象銘柄と市場全体の強気／弱気度合いを測る**指標である。適切な倍率は存在しない。あくまで同一銘柄間の現在と過去、市場平均と対象銘柄など、比較のために参考にすべき指標である。

■PBRの示す情報も上記と同じである。

※1　金融商品取引法に定められた特定投資家。特定投資家とは、金融機関などの適格機関投資家、上場会社、資本金5億円以上の株式会社、外国法人など。

※2　日本取引所グループ、東京証券取引所、日本経済新聞社が共同で開発し、2014年1月から公表が始まった株価指数。東京証券取引所に上場を行っている企業3400社の中から、投資家に魅力の高い銘柄400社を選び、財務や経営が優秀な日本の株式市場をけん引する銘柄の動きを指数として発表する。指数は2013年8月30日を起点として、この日を10000として計算されている。

※3　チャート上にある二つ以上の高値または安値の水準を線で結ぶことで表現される線。「支持線（サポートライン）」は価格が下落する局面で定期的に反転する二つ以上のポイントを結んだ線。「抵抗線（レジスタンスライン）」は価格が上昇する局面で定期的に上値が抑制される二つ以上のポイントを結んだ線。

03 改めて、利益ってなに？

■子供が貰うお小遣いは売上なのか利益なのか

父　このテーマの締めくくりとして利益について説明します。これまで「利益」と簡単に言ってきたけど、実は利益には何種類もある。人によっては売上のことを利益だと思ってる人もいる。でもそれはあながち間違いとは言えない。例えば君らが毎月貰う小遣いは、売上であり、イコール利益でもある。

梅三　そうなの？

父　だって全部自分で好きなように使えるでしょ。利益の意味合いの一つは、自分で好きなように使えるという点がある。でも、会社勤めの人が貰う給料はというと、ちょっと違う。会社から「給料です」と言われて示される額と、実際に銀行に振り込まれる額は同じではない。

竹二 税金払うからでしょ。

父 そう。主に所得税と住民税。加えて厚生年金と健康保険料、雇用保険料などなど。だから会社からの支給額からそれらの公的負担を除いた分がいわゆる「手取り」。これが会社員にとっての利益と言えば利益。だけども実際それを全部好きなように使えるかというとそうでもなく、家賃や水道光熱費を払わなきゃなんないし、食費もかかる。だから生活費を引いて貯金に当てられる金額を利益だとする考え方もできる。ちょっと言葉遊びっぽくなってしまったけど、「利益」という言葉と、それが本当に意味している内容が一致していないことがあるということなんだ。だけど企業会計の世界においては全ての言葉が正確に定義されている。

竹二 まあ、そうでないと困るよね。

父 そう、困っちゃう。

■100円の菓子パンから学ぶ、4つの「利益」の違い

父 企業の会計には「利益」とつく主な用語が4つある。

梅三 そんなにあるの？

父　もっとあるけど、君らが知っておくべきものは4つだ。まず近所のスーパーマーケットを例に考えてみよう。１００円で売っている菓子パンがあるとする。仕入れ価格はいくらくらいと思う？

梅三　えー、全然わからない。90円とか？

竹二　それじゃ儲からないよ。80円くらいじゃない？

父　もうちょっと安い。70円から75円くらい。

梅三　そんなに安いんだ！

父　それくらい安くないと、店を維持できないよ。

竹二　家賃とか人件費とかかかるもんね。

父　そう。お客が払うお金、つまり売上から、仕入れたお金を引いた金額を、「売上総利益」という。１００円の菓子パンの仕入れ金額を70円とすると、30円が売上総利益、となる。

竹二　うりあげそうりえき、ね。

父　そう。さっき竹二が言ったように、菓子パンを売るためには店を構えないといけないし、従業員も雇わなければならない。そういうコストを一般管理費という。そ

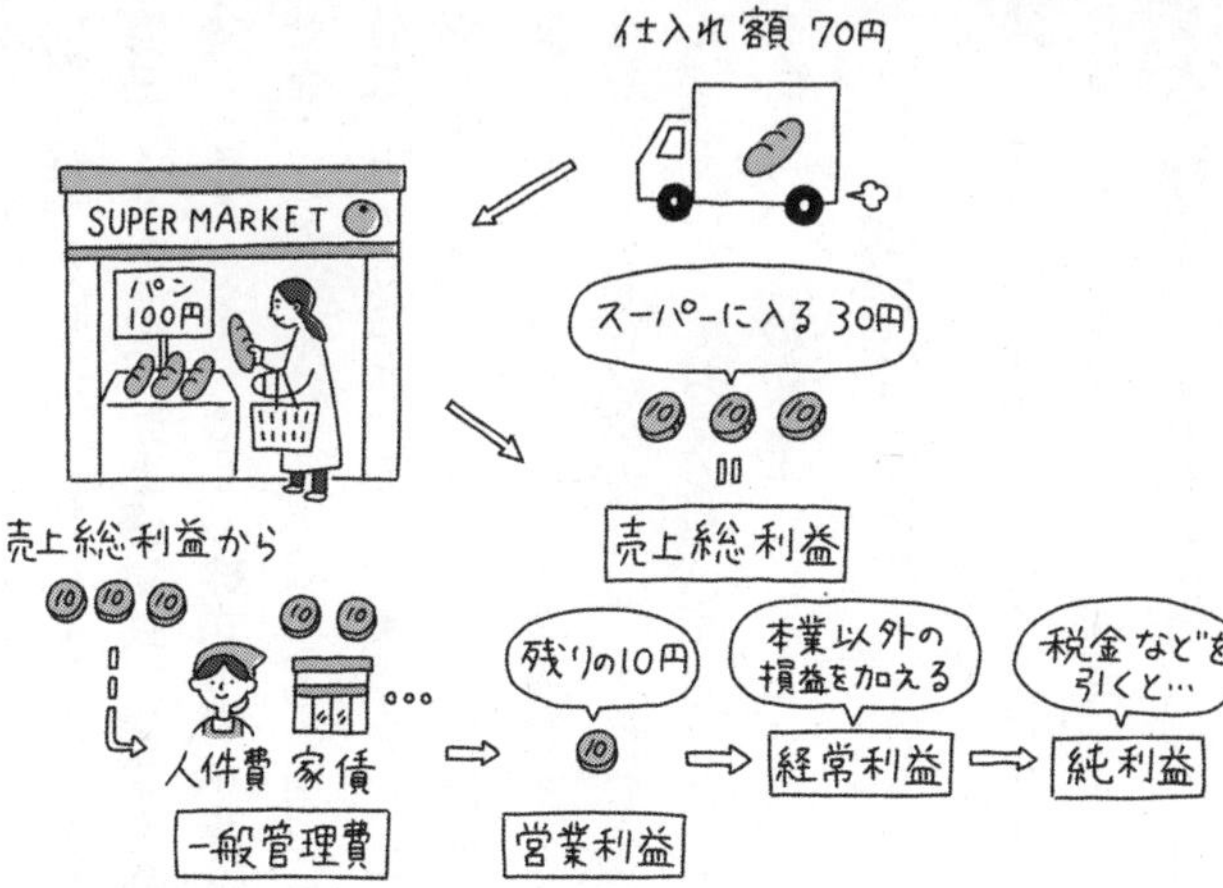

して**売上総利益から一般管理費を引いた金額を、「営業利益」**という。

竹二　それがいわゆる利益ってやつ？

父　まだ先がある。店を出すにはお金を借りたりする必要があるね。**お金を借りたら金利を払わなくちゃならない。逆にお金がある会社は金利の収入がある。そういうお金を含めた利益を「経常利益」**と呼ぶ。

竹二　けいじょうりえきね。計上ではないの？

父　「計上」ではなく「経常」。会話の中では混同を避けるために「けいつね」と呼ぶこともある。まだある。会社は儲かったら税金を払わなくちゃならない。**経常利益から法人税などの税金を払った後のお金を**

「純利益」と呼ぶ。これが最終的に会社が自由に使えるお金なんだ。

梅三　えーっと、売上総利益∨営業利益∨経常利益∨純利益、ね。

父　そうです。そして株式市場が業績の指標として使うのは、最後の「純利益」。なぜならこのお金こそが、企業の資産に反映されるから。

竹二　ということは売上が大きいだけでもダメ、安く仕入れるだけでもダメで、家賃や人件費も少なくしないと、利益は出ないってことだね。

父　そう。特に一般管理費のコントロールは難しいね。スーパーだと店に設備投資をしないとお客が来ないし、人件費を安くし過ぎると人が定着せずに店が回らなくなる。かといってお金を使いすぎると営業利益が出なくなっちゃう。上場しているような会社は、この辺を上手にやってるんだね。

■キャピタルゲインとインカムゲインって？

父　株式投資によって投資家が得られるリターンには2種類がある。一つは値上がり益。これは株式を買った値段と売った値段の差によって生まれる。キャピタルゲインとも呼ぶよ。100万円で買った株を150万円で売れば50万円の利益が出る。これが値上がり益。もう一つは「**配当**」というものがある。インカムゲインとも呼ばれる。これは持っている株数に応じて一株当たり何円というふうに払われる。

竹二 セブンの話でも出たね。でも配当っていまひとつイメージがわかない。

父 利息のようなものだと捉えるといいよ。年間3%の配当ならば、100万円分株を買うと3万円もらえるということ。

梅三 1万円貸して、年にたった300円？

父 バカ言っちゃいけない。いまの時代に年利3%は立派な金額だよ。銀行に預けてたら利息は1円未満だよ。でももし1億円分の株を持ってたら、配当金だけで300万円、税金を20%[※1]払った後でも240万円になる。贅沢しなければ1年間それだけで生活できるよ。

竹二 1億円持っていれば、の話でしょ。

父 だからいまのうちから株式投資をよく勉強して、配当だけで暮らせるくらいにしっかり資産を増やしていこうじゃないか。実際のところほとんどの人はそんなに資産を持っていないから、大抵の人はキャピタルゲインを狙って投資する。それに企業にとっても配当金を払うのは美味しくないんだ。特に若い企業にとってはね。

竹二　単にお金が出ちゃうだけだから？

父　もし配当せずにそのお金を会社が使ってもっと儲けられるんだったら、その方がいい。だって利益が増えれば株価が上がるから。配当金を払うというのはその分投資に回せるお金が少なくなるということ。それに配当金は純利益、つまり税金を払った後に残ったお金から支払うから、節税メリットもない。さらに、配当金を貰った方も税金を払わないといけない。会社も投資家もキャピタルゲインと比べたら得が少ないんだよ。例えばアマゾンは長いこと一度も配当を払わなかった。それどころか、経常利益をずっと赤字にしていた。赤字ならば税金を払わなくて済む。利益を出して税金払ってお金が減るくらいなら、将来もっと利益を出せる

1億、あればね
1億、投資すれば
大きな額に…
配当
もっと欲しい
配当金

チャンスに対して先行投資をどんどんした方がいいという考えなんだ。一般の株主も皆それに同意していた。それが株価が上がった理由の一つでもある。

竹二　アップルはちょっと前に四半期配当を始めたって出てたよね。

父　それがアップルのすごいところだね。一般論としてどんなビジネスもいつかは成長が止まる。例えばうちの近所だけに限った牛乳配達のビジネスがあるとする。対象市場は3万人。最大でも1日3万本で頭打ちになる。

竹二　1日2本はいらないもんね。他の物を売るとか。

父　そういう成長策もあるけど、それも近所の3万人を範囲にしている限りはどこかで限界が来る。ということは利益が伸びなくなる。

竹二　すると株価は上がらない。

父　でも下がりもしない。毎日3万人に牛乳を届けるビジネスは、天変地異がない限り続く。そして毎年同じだけ利益が出る。そういう会社は配当しなければ株価を維持できない。かなり単純化した例だけど、イメージはわかるかな？

竹二　何となく。

父　では、今回はここまで。

まとめ

■ 企業経営で利用される主な利益は、**売上総利益＞営業利益＞経常利益＞純利益**である。このうちEPSの計算には純利益が使われる。

EPS＝純利益÷発行済み株式数

■ 株式投資のリターンには、**キャピタルゲイン**（株式の値上がりによる利益）と、**インカムゲイン**（配当による利益）の二つがある。

※1　厳密には現在20・315％。小数点以下の部分は復興特別所得税として、東日本大震災からの復興のための施策の実施に充てられる。

COLUMN

就職先はどう選ぶか？

この質問への答えは簡単だね。この講座の中で何度も話してきたことと同じだから、君らにももうわかってるんじゃないのかな。

答えは成長期待の大きい会社。

成長している会社では、何でも新しく作り上げていかなきゃならないから面白い。若いうちから責任のある仕事を任せてもらえるし、給料の伸び率も高い。

本書で述べている通り、ビジネスにはライフサイクルがある。だからいまは成長期待があるように見えても実はもう衰退期に入っているなんてことも十分にありうる。でも経営者が優秀だったら、自ら金の生る木を壊すぐらいして新しいビジネスを興し、会社を再び成長軌道にのせることだってある。富士フイルムはほぼ市場がゼロになってしまった銀塩写真ビジネスからケミカル事業にシフトして過去最高益を更新し続けているし、マイクロソフトはスマホビジネスで出遅れたけど、クラウドサービスで再び成長軌道にのることができただけでなく、CharGPTで世界をリードするのではとの憶測から、アップルを抜いて時価総額トップに返り咲いた。任天堂もソニーも、一時は儲からなくてあがいていたけど、このところ業績がずっと上向き傾向が続いている。

やりたいことがなくても構わない、大学に入ってから見つければいいと話したね。これは真実だけれども、中高生の時点からやりたいことを見つけるヒントを探すことはできる。これが、実は株式市場と付き合うことと密接につながっている。例えば第2講で触れた、世界や日本の時価総額ランキング上位の会社について調べてみる。一体何をやっている会社で、なぜ儲かっているのかは、メディアの記事やアナリストのレポート、会社が提供しているIR資料を読めばかなりの程度わかると思う。その中に、一つくらいは興味を持てる会社が見つかるんじゃないかな。

会社を調べるうえで外せないポイントがある。それは「**その**ビジネスの利権は何か」ということ。時価総額トップクラスに君臨する会社は必ず利権を持っている。利権って言うと、ちょっと政治的に聞こえるかもしれないね。言い方を換えると、例えば技術やブランド、規模とかの組み合わせのこと。他が絶対にマネできない、よほどのことがない限り追いつけない何かのこと。例えば世の中のほとんどのクレジットカード決済はビザやマスターのシステムを通る。誰かがカードで支払いすると、これらの会社に手数料がチャリンと落ちる。競合としてアメリカン・エキスプレスや日本のJCBなんかがあるけど、ビザやマスターの2社の背中は全く見えない場所にいる。

丸亀製麺のうどんは美味しいけど、美味しいだけのうどん店はいくらでもある。だけど全国に800店以上もあって、同じ品質のうどんを提供している。安さも、これだけの店舗数があるから実現できる。たくさん仕入れれば食材は安くなるし、同じフォーマットの店舗がたくさんあれば店の設計も簡単だし、設備も他より安く仕入れられる。

時価総額が大きな会社のどれかに魅力を感じたとして、そこで働くために何を準備するべきか。これは働きたいと思った会社の業態によるから、一概には言えない。ここは自分で考えてもらいたいところだね。もちろん個別の相談には乗るけどね。

就職活動を始める時期になってから就職情報をチェックし始めるよりも、いまのうちから株式市場と付き合うほうが、いい就職ができるのは間違いない。いい仕事ができて、いい給料がもらえて、それを上手に株式投資で運用できたら、最高の人生だよ。

第4講

「伸びしろのある会社」を見きわめる

01 父さんの保有銘柄を見てみよう

■「聞いたことがある会社の株を買う」はなぜ危険？

父　今日は父さんが実際にどういう銘柄を持っているかを見せることにする。これが父さんが使ってるオンライン証券会社のサイト。口座管理から保有証券・資産ボタンを押すと、ここに父さんがいま持ってる株が一覧で表示される。

竹二　へぇ……。俺も知ってる会社結構あるね。……え、こんなに持ってるの⁉

父　こんなに持ってると言えば持ってるし、大して持ってないとも言えるね。

竹二　すげ……。

梅三　父さんいつもお金ないって言ってるけど、嘘じゃん！

父　嘘じゃないよ。無駄遣いするお金は1円もないから。それに自分のお金の大半は事業資金として会社に入れてるから、株式投資に向けている部分はほんの一部だ。

いずれにしてもお金は増える可能性のあるモノゴトに投じるのが鉄則だよ。「自分へのご褒美」とか言って余計な消費をするのはダメ。

というわけでまずいま持っている主な銘柄の話をしよう。過去5年間はほとんどアメリカ株を買っている。父さんがいま持ってる株は、ここにある通り、アクセンチュア、アマゾン、マイクロソフト、エヌビディア、ショッピファイ、それからS&P500のインデックスファンド。ちなみに並び順はアルファベット順ね。この中で君らが聞いたことある会社はどれ？

竹二 アクセンチュアは父さんが昔働いてた会社だよね。

父 そう。他には？

竹二 アマゾン、マイクロソフトはこの前見たよね。

梅三 エヌビディアは時価総額ランキングで出てきたね。GPUの会社。

竹二 お、よく覚えてたな。

父 その通り。さすが自分でPC組み立てて毎晩オンラインゲームやってるだけのことはあるな。

梅三 毎晩じゃないよ！

父　そりゃ悪かった。ということは君らが知らない会社はショッピファイとS&P500のインデックスファンドの二つってことでいいかな。

梅三　うん。

父　まあでも、君たち中高生でも知ってる会社が、父さんが持ってる六銘柄のうち半分はあることになるね。実はこれが今日の大事なポイントの一つにつながる。

竹二　知ってる会社の株を買えってこと？

父　その通り。だけど単に知ってるってだけじゃ不十分だ。問題です。世界時価総額ナンバーワンのマイクロソフトってどういう会社？

竹二　ウィンドウズとかエクセルとかのソフトを売ってる会社でしょ？

父　そう。じゃ、ウィンドウズとエクセルの売上は年間いくら？　それ以外に何売ってる？

竹二　それは調べればわかると思うけど、いまはわからない。

父　そりゃそうだ。模範解答だ。じゃ、アマゾンは？

竹二　ネットショップの会社でしょ。父さんも母さん経由でいろいろ買ってもらってるし、キッチンにはアマゾン・エコーもあるし。でも売上はわからない。

父　先に言ったねぇ。ってことは父さんの言いたいことはわかったみたいだね。

竹二「知ってる」じゃなくて「聞いたことがある」だけじゃダメってことだよね。

父　その通り。名前を聞いたことがあるってだけじゃ、株を買う理由にはならない。

■アマゾンは「ネット通販の会社」ではない？

父　まず君らが名前を知っている株の話から始めよう。アマゾンを買った理由は、これからもまだビジネスが成長すると考えたからだ。さっき竹二は、アマゾンはネットショッピングの会社だと言ったけど、実はそれだけじゃない。

竹二　アマゾン・エコーとか、電子書籍のキンドルとかでしょ？

父　それもある。だが、一番大きなビジネスはクラウドサービスだ。

竹二　クラウドサービスって？

父　詳しく説明するとそれだけで本一冊書けちゃうくらいになるから、簡単に説明すると、コンピュータのリソースを貸し出すサービス。

竹二「リソース」を「貸し出す」？

父　これでも用語が専門的すぎるかな。もっと身近な例で話すと、コンビニに行くとレジがあるよね。レジで商品のバーコードを読み取ると、合計金額が表示されて、その金額をお客が払う。それを「取引」と呼ぶんだけど、その取引の内容はレジ本体に記録されるんじゃなくて、通信回線でつながった先の、コンビニの本部のコンピュータに記録される。

竹二　何となくわかる。

父　そのコンピュータは膨大な量の取引を記録しないといけない。日本全国にコンビニは約5万6000店舗あって、セブン-イレブンだけで2万1000店舗ある。セブンの1日当たりの売上は約130億円で、お客が2100万人来る。レジの集計だけで来店客数とほぼ同数の取引を処理している。それ以外にも店舗から本部への注文に対応したり、いろんな仕事があるから、それを処理するコンピュータのシステムはものすごい規模になる。具体的には、たくさんのコンピュータをつなぐんだけど、それがいつもちゃんと動いているか監視しないといけない。たくさんあるコンピュータの中には時々壊れるものもあるから、それを入れ替えたりとかね。それだけじゃなく使わなくなったものを廃棄する仕事もある。

セブンだけじゃなく、どこの会社もデータセンターという場所を作って、こういう

ハードウェア運用をやっていて、それにすごいコストがかかっている。そういうビジネスをしている会社に対してアマゾンはハードウェアの運用はうちがやるから、それを借りて使ってよ、というサービスを提供している。AWS（Amazon Web Services の略）という名前のサービスなんだけどね。

竹二　「リソース」の話は？

父　そうそう。リソースは資源という意味だけど、アマゾンはAWSというサービスを通じて、アマゾンが持っているコンピュータシステムという「資源」を貸し出してるんだ。これを借りれば、会社はデータセンターを作る必要もなければハードウェアの管理をする必要もない。

竹二　なんとなくわかった。でも何でネットショッピングのアマゾンがシステムを貸し出すの？

父　いい質問だ。アマゾンは自分たちのネットショッピングの巨大なシステムを作り上げる過程で、上手な運用方法を発明したんだよ。それにアマゾンはクリスマス商戦みたいに取引が集中する時期にもシステムをフリーズさせることなく運用する方法もわかっている。そのノウハウを入れ込んだデータセンターを作って貸し出してるんだね。さらに、アマゾンが調達するコンピュータの数は莫大だから、一つの会社が買う値段よりもコンピュータやその関連機器を安く買える。

梅三　お菓子の大人買いみたいなこと？

父　そうそう、それ。まあ一般消費者がお店でお菓子をまとめて買っても割引はないから、メーカーに直接買いに行くイメージかな。だから一つの会社が自分たちでコンピュータリソースを買って運用するコストよりも安く、かつアマゾンも利益が出る値段で貸し出すことができるというわけ。

■「すごいサービス」を持っていても株を買うのは早計

竹二 なんかすごい。そういうシステムを作るような会社の株は買った方がいい、ってことだね。

父 いや、まだその結論に達するのは早い。すごいシステム、すごいサービスを持ってるというだけではその株を買う理由にはならない。事実、ＡＷＳと同様のサービスを提供している会社はゴマンとある。例えばグーグルもほぼ同様のサービスを提供してるけど、２０２０年度は赤字だった。大事なのはそのサービスがきちんと利益を出してかつ伸びるかどうかってこと。伸びるってのは、いまのお客がもっとたくさん使うようになる、新しいお客がたくさん増えるかどうか、ってこと。アマゾンの儲けは、このＡＷＳが大半で、実はネットショッピングの利益より大きいんだ。

梅三 え、マジで？　アマゾンって儲かってないの？

父 いや、アマゾンが儲かってないわけでなく、アマゾンのネットショッピングよりもＡＷＳのほうが儲かってるってこと。

竹二 だってアマゾンの商品安いもんね。

父　小売りの利益が比較的小さいのはそれだけが理由じゃないんだけど、とにかくアマゾンはAWSで儲かってる。ちょっとデータは古いけど20年の決算で言えば、アマゾンの売上高に占めるAWSの割合はわずか12％にすぎないけど、営業利益ベースでは63％を占める。金額にすると約1兆円だ。

竹二　へぇ知らなかった。すごいね。いままでの成績がよかったから買ったんだ。

父　いや、そうじゃない。これからもっと伸びるだろうと考えているから。

竹二　でもそれはこれまで上手く行ったから、これからも上手く行くだろうってことじゃないの？　部活だってさ、それまでの試合で結果出した人が次の試合にも出してもらえるじゃん。

父　確かに過去の実績は大事だね。もちろんそれは重視するんだけど、株に投資するときの将来の予測数字を見る。例えばいま君らも使ってるスマホね。いまの形でのスマホが生まれたのはつい17年前のことなんだけど、あっという間に広まっていまではほとんどの人が使うようになった。でも10年ちょっと前までは一部の人しか知らなかった。その頃にも携帯電話、いまで言うガラケーは十分普及してたんだけどね。でも父さんは初めて出たiPhoneも、アンドロイドスマホも買って使ったよ。でも父さんみたいに新しいものをとりあえず買って試す人は世の中のごく一部だし、通信料金も高かったから誰にでも手を出せるものじゃなかった。でも通信料金が下がって、いろんなアプリが提供されて、電池の持ちもよくなり、もっと使いやすくなれば利用者は増えるだろうと、投資家は考える。そして、実際その通りになった。周りでスマホ持ってない人、いる？

梅三 いないと思う。

竹二 逆にないと困っちゃう。部活の連絡とかLINEだし。

父 日本のスマホの保有率は総務省の「令和4年通信利用動向調査」によると世帯で90・1%、個人で77・3%。日本の人口は約1・3億人だから、ゼロから17年でそこまで普及したんだ。それでポイントはここ。スマホが世に出たばかりの頃に、これは日本国内だけで1億人にまで普及すると予測できたとしよう。これをスマホはまだまだ成長の余地がある、という言い方をする。成長の余地が大きい市場にいる会社が、実際にそこで売上と利益を伸ばしていくと、株価は上がるんだ。

■スマホ市場が巨大でも関連株が上がると言えない理由

梅三 お父さんは17年前にスマホの株買ったの？

父 そもそもスマホの株なんてものは存在しない。正しく言うとスマホ関連のビジネスを営んでいる会社の株ってことだよね。代表的なのが世の中で最初に現在のスマートフォンを世に送り出したアップル。

竹二 かつての時価総額ナンバーワンね。

父 そう。成長の余地が大きい市場にいる会社が、実際にそこで売上と利益を伸ばしていくと、株価は上がると言ったけど、アップルは実際にそうなった。で、スマホのビジネス、というかスマホ本体に話を絞ろう。スマホ本体の販売台数はこれからどうなると思う？

竹二 うーん。さっきの数字で行くと日本人の大多数がスマホを持っちゃってるから、もうそれほどは伸びないと思う。

父 それは父さんも同意見。すると買い替え需要に頼ることになるね。どれくらいのタイミングで皆買い替えるんだろう？　梅三、わかる？

梅三　わからないけど、2、3年に一回とか？

父　父さんもそれくらいの気がするけど、調べてみよう。梅三、どう？

梅三　「大手携帯電話会社では、2年間利用することを前提とした契約が多いので、そのサイクルでスマホを買い替えるのが一般的というイメージがあるのかもしれません。……調査結果によると、スマホ買い替えまでの平均年数は3〜4年」と書いてある。※2

父　仮にいまの保有者が3年に一回買い替えると、毎年スマホが3000万台売れることになる。加えて、仕事用に別のスマホを持っている人もいたりするから、実際はもっとたくさんのスマホが毎年売れる。数字を調べてみると、さっきの頭の中の計算に近いような数字で、23年は日本で2600万台売れたみたいね。※3

梅三　それでも2600万台は巨大だね。

父　そう、ものすごく大きな市場だ。でも株式投資の観点で見ると株価が上がるという予測は立てづらい。よくて横ばい。なぜなら株価は会社の将来の伸びに期待して上がっていくからなんだ。

竹二　過去の実績だけじゃない、っていうのはそういう意味か。

父　そうなんだ。繰り返しになるけど過去の実績はこれからの株価に関係ないんだ。

アマゾンの話に戻すと、父さんはアマゾンのAWSはまだまだ伸びる余地があると考えた。日本国内でもクラウドサービス自体を使っていない会社がたくさんあるし、進出していない国もある。それにAWSと同じようなサービスを提供している会社もあるけど、さっきグーグルを例に挙げたようになかなかアマゾンに勝てない。AWSは競争相手よりも値段が高いのに選ばれているのは、理由があるんだよ。

だからアマゾンの株を買った理由は、営業利益の大半を占めるAWSがまだまだ伸びる余地があると考えたから。それに他にも発展途上のサービスが世の中に受け入れられてくれれば、プラスアルファも期待できる。そして、父さんが持ってる他の株を買ったのも、全部同じ理由、つまり自分がユーザとして利用していて手触り感があり、かつこれから市場が広がる可能性があると考えているからなんだ。

■なぜマイクロソフトは時価総額1位に返り咲いたのか

父　父さんの保有銘柄リストに戻って上から順番に行くと、アクセンチュアは企業向けのITサービスの業界で断トツのトップ、一人勝ち状態が続いている。コロナのパンデミックで企業のDX投資[※4]がさらに加速すると考えてコロナになってから買い直した。

梅三　マイクロソフトはなんで買ったの？　時価総額ナンバーワンだから？

父　マイクロソフトの株を買ったのはアマゾンと同時期の17年の夏。当時はアップルが強くて、時価総額トップ企業じゃなかった。まあナンバーワンだろうと、それが買う理由にはならないけどね。一時マイクロソフトはあんまり魅力的じゃないように見えた。タブレットやスマホシフトで、PCの需要が頭打ちになって、モバイルのビジネスも完敗した。

竹二　じゃあなんで買ったの？

父　AWSの競合に当たるサービスAzure※5（アジュール）が伸びてきている。買うきっかけになったのは、オフィスソフトのサブスクリプションを利用し始めて、これがうまくいくだろうと予測したから。

それで、株価は順調に上がってきたけど、最近では生成AIのリーディング企業とみなされ、長らくトップを走ってきたアップルを抜いて時価総額一位に返り咲いたんだよね。

まとめ

■ 2024年3月時点での保有株は、アクセンチュア、アマゾン、マイクロソフト、エヌビディア、ショッピファイ、加えてS&P500のインデックスファンド。各銘柄を保有している当該時点での理由は次の通り。

■ アクセンチュア：官公庁や大手企業のDXサービス提供の一人勝ち状態がこれからもしばらく続くと予測。

■ アマゾン：競合から頭一つ抜き出るAWSが今後も売上・利益ともに伸びると予測。

■ マイクロソフト：オフィスソフトのサブスクリプションで収益が底堅く、Azureも伸びると予測。さらに最近では生成AIのリーディング企業とみなされアップルを抜いて時価総額トップに返り咲いた。

※1 厳密には現在20・315%。小数点以下の部分は復興特別所得税として、東日本大震災からの復興のための施策の実施に充てられる。

※2 LINE MOBILE「そろそろ変えたい！スマホ寿命はどれくらい？長く使うコツ&寿命が近づいているサインとは」2021年7月8日掲載。https://mobile.line.me/guide/article/29987124.html 調査結果は、内閣府「消費動向調査」平成30年3月調査。

※3 ITmedia モバイル「Google が国内スマホシェア3位に　2023年の携帯出荷台数は過去最少に」https://www.itmedia.co.jp/mobile/articles/2402/09/news136.html

※4 Digital Transformation の略。ＩＴの浸透が人々の生活をあらゆる面でより良い方向に変化させることを意味する。

※5 マイクロソフトの管理するデータセンターを通して提供されるクラウドコンピューティングサービスである。

02 ビジネスモデルに注目してみる

■なぜショッピファイの「使いにくさ」に着目したのか

父　GAFAM以外にも面白い会社はたくさんあるよ。例えばショッピファイね。これはオンラインストアのシステムを提供している会社。18年にサービスを自分のビジネスで使ってみて、これはいいと思った。いまも使い続けてて、日々進化しているのを体感してる。株を買ったのは19年。これは3倍になってるね、いま。

梅三　おー、ホントだ!

父　カナダ発祥の会社なんだけど、いろんな言語に対応しているから世界のほとんどの国で使われている。でも日本では当初あまり評判が良くなかったんだよ。

竹二　どうして?

父　表示の日本語が翻訳っぽいとか、住所の並びが逆だとか、データをダウンロードするときに文字化け[※1]するとか、日本で主流の決済サービスに対応していないとか、例えばそんなところ。

竹二 じゃあ、ダメじゃん。

父 ダメと言えばダメなんだけど、ダメにもレベルがあるじゃない。根本的なダメと表面的なダメ。表面的なダメは解決できるんだよ。さっき挙げたダメポイントは、父さんから見ると表面的なダメで、大した話じゃない。父さんは、一応昔プログラマーの端くれだった。新入社員当時アクセンチュアは全員プログラマーからキャリアをスタートした。プログラマーとしては中の下のレベルだったけど、その程度のプログラマーでも、いわゆる「使いにくさ」の部分のほとんどは自分で改変できる仕組みが用意されている。父さんレベルのスキルでも直せる程度のことを日本のユーザが不満に思ってるってことは、逆に言えばまだ伸びしろがあるってことじゃない。だって問題ははっきりしていて、直せば使ってくれるんだから。だから日本でももっとたくさんの人が使うようになるだろうし、英語圏以外の国でも同じ状況だと思った。いまとなってはもうこうした問題は解決されてる。

竹二 何が魅力だった？

父　一番の魅力の一つは利用料金が安いこと。基本料金も安いし、売れた時の決済手数料も安い。もう一つは機能が充実していること。と言っても基本機能以外を使おうとすると別途お金を払わないといけないんだけどね、それも安い。

■低コストで拡大する仕組みの魅力

梅三　安いって、いくら？

父　基本機能が月額25ドルだから当時は3000円ちょっと、いまのレートだと3500円くらいか。その他の機能はピンキリで月額100円のものもあれば1万円のものもある。

梅三　それ、安いの？

父　小遣いの範囲で考えたら高いよね。でも同じようなシステムはもっと高いよ。自分で作ろうと思ったら億単位だし。

梅三　そんなにかかるの？

父　そうだよ。億どころか、数十億かかるよ。それを月額数千円から使わせてもらえるなんて、こんなにありがたい話はない。それからもう一つ、大事な点があるんだ。

ショッピファイは基本機能以外の機能を「アプリ」という名前で提供している。そういうアプリがいまの時点で8000以上用意されているんだけど、これはサードパーティが作ってる。

竹二 それ何？

父 直訳すると第三者。つまりショッピファイ以外の他の会社が作って運営しているということ。アプリを作る会社はショッピファイの開発標準に則って文字通り好きなアプリを開発することができる。ユーザがそれを気に入ればお金を払って買う。そのお金はショッピファイが受け取って、手数料を引いた金額をサードパーティが受け取る。

梅三 アップストアみたいなこと？

父 かなり近いね。この仕組みの何がいいかっていうと、ショッピファイは追加アプリを開発するための人員を雇わなくていいから、固定費が少なくて済む。アプリが流行るかどうかはユーザ次第だから、人気が出なかった場合はアプリ提供会社だけが損する。ショッピファイは個々の追加アプリがうまくいかなくても損はゼロで、人気が出た時だけお金が入る。これはショッピファイにとってはとっても美味しい。

竹二 でもサードパーティは搾取されてる感がある。

父 そうとも言えないよ。発想力と技術力はあるけど、売るのが苦手な開発会社にとってはショッピファイとのコラボは魅力的だよ。確かにアプリが売れなかったらマイナスだけど、人気が出れば結構美味しい。何しろショッピファイは現時点で100万店のアカウントがあって、いまもまだ伸びてるからね。日本のショップ数※2も3万店を超えた。追加アプリは何百万本もインストールされていて、それらが安定的にショッピファイに収益をもたらしている。

梅三 ものすごい数だね！

父 でしょ。ショッピファイがお客を増やしてくれるから、そこはアプリ会社は考えなくていい。苦手なことをしなくて済むからいいアプリづくりに注力できる。というわけで、ショッピファイは追加機能の開発をゼロコスト、ノーリスクで外注し、それがショッピファイ自身の魅力を高めているんだよ。という訳で、ショッピファイの株を買った理由は以上ね。あ、言い忘れた。ショッピファイには、各ネットショップがモノを売ると、手数料がチャリンと入ってくるようになっている。

竹二 抜かりないなぁ。

■S&P500のインデックスファンドを買う理由

父　それからS&P500のインデックスファンドについて説明するよ。まず「インデックス」とは「指標」という意味だけども、指標を説明する前にS&P500について見てみよう。日経平均のアメリカ市場版と考えてもらえばいい。ともにアメリカ市場を代表する会社の株式が指数化されていて、これで市場全体の動きを見ることができる。

・**S&P500**：ニューヨーク証券取引所とナスダックに上場している銘柄から代表的な500銘柄の株価を浮動株調整後の時価総額比率で加重平均し、指数化したもの。1923年スタンダード&プアーズ社の前身となる企業が26業種・233の企業を含む複数の指数を開発したのが始まり。500社になったのは1957年。構成銘柄はあらかじめ定められたルールに従っている。

父　父さんが持ってるインデックスファンドは、これらの「指数」つまりインデックスと連動して価格が変動するように作られている。だからこれは個別銘柄を買うというより、アメリカ市場の中の選ばれた銘柄を一つの銘柄と捉えて、それを小分けにされたものを買ってるというイメージになるよ。

梅三 これも増えてるね。

父 いまのところはね。ここ数年アメリカ市場は伸びてきたんだけれど、コロナ禍が始まってからは、いったん大きく落ち込んだ後さらに伸びた。基本的にアメリカが世界の経済の中心である状況はこの先も続くと父さんは考えている。資本主義経済が世界に広まってそれが伸びれば伸びるほど、アメリカがきちんと儲かるように世界の仕組みを築き上げてきた。ロシアや中国がそれに対抗しようといろんな策を講じてるけど、長きにわたってアメリカが綿密な戦略の下で構築してきた利権はちょっとやそっとじゃ揺るがない。そんな理由でS&P500のインデックスファンドを持っている。というわけで父さんが持っている主な銘柄の説明は以上です。

まとめ

■ アクセンチュア、アマゾン、マイクロソフト、エヌビディア、ショッピファイ、加えてS&P500のインデックスファンドを保有している。2024年3月時点での保有の理由は次の通り。

エヌビディア：生成AIを筆頭にGPUの需要はまだまだ高まると予測。いまのところ同社を脅かす会社も見当たらない。

ショッピファイ：ECサイトのプラットフォームとして現時点で最も魅力が高く、これからシェアを伸ばしていくと予測。

S&P500：そもそもアメリカ経済は中長期的に伸びる可能性が高い上、インフレによりお金の価値が下がっていることから数字上の企業利益はまだまだ増えると予測。

※1 Shopify からダウンロード可能なファイルのデフォルトの文字コードは UTF-8 であるため、文字コードが Shift-JIS であるウィンドウズPCのソフトウェアで開くと文字化けする。

※2 Shopify Statistics 2024：UPDATED Facts, Market Share & More https://acquireconvert.com/shopify-statistics/

第 5 講

株式投資のための教養

01 会社は金の卵を産むガチョウである

■イソップの「金の卵を産むガチョウ」

父　さて、今回は株価の考え方をテーマに話をしよう。イソップの寓話にこんな話がある。ある貧しい農夫の飼っていたガチョウが、黄金の卵を産んだ。市場に持っていくと、その卵は純金であることがわかった。それからもガチョウは1日に1個ずつ金の卵を産み、卵を売った農夫はやがて大金持ちになった。お金持ちになるにつれ欲が出た農夫は、1日に1個しか産まないことに不満を持ち、ガチョウのおなかを切り裂いて、卵を全部手に入れようとした。しかし、そこにはもちろん金の卵はなく、そのうえガチョウさえも失ってしまった。さて、この話の教訓は？

梅三　欲張りはダメだ、ってことかな。

父　うーん。近いけど、そういうことじゃない。

竹二　宝を生み出すものを失うと、全部が台無しになっちゃう。

父　うん、それも近いね。父さんの答えは、「短期的な利益を得ようと焦ると、長期的な利益を生み出す資源を失ってしまう」ってこと。寓話だから、現実には金の卵を産むガチョウなんていないし、ガチョウのおなかを開いちゃうような人もいないけど、普通の人なら、1日1個とはいえ、ガチョウは毎日1個は金の卵を産んでくれるわけだから、辛抱強く付き合うのが合理的だというのはわかるよね。

梅三　すぐにはお金持ちになれないから、ゆっくりやれってことかな。

父　その通り。それ以前に、そもそも金の卵を産むガチョウを手に入れることが至難の業なんだけど、それはいったん横において、実はこの農夫がすぐにお金持ちになれる現実的な方法が一つ存在する。さて、それは何でしょうか。

梅三　ガチョウを誰かに売ればいいんじゃない。

父　正解。

梅三　久々に、これは簡単だった(笑)。

父　じゃ、続けて質問。これいくらで売ればいい？

竹二　それは、金の卵の値段と、ガチョウの寿命がわかれば計算できると思う。

父　そうだね。父さんは実はガチョウを見たことがないし、黄金の卵の大きさも分からなければ値段もわからないから、話を普通の卵を産むニワトリに置き換えて考えてみることとしよう。毎日ひとつ卵を産むニワトリがいるとして、このニワトリの値段をどうつければよいかを考えてみよう。

■1000個の卵を産むニワトリを1万円で買うか

父　ニワトリの寿命って知ってる？
竹二・梅三　知らない。
父　だいたい5年。仮にこのニワトリの寿命を残り3年としよう。死ぬまでの間に1000個の卵を産むはずだ。スーパーで売ってる卵が10個で200円くらいだから、卵1個当たりの値段を20円としよう。20円の卵が1000個でいくら？
梅三　2万円。
父　OK。じゃ、君たちはこのニワトリを2万円で買う？
梅三　買わない。餌代かかるし、育てる手間もかかるから。
父　そうだよね。ニワトリに毎日卵を産ませるためには餌を与えなきゃならないし、育てるための設備も要るし、時間も使わなきゃならないよね。じゃあ仮に、餌代や設備代が卵1個当たり10円と考えよう。20円で売って、10円のコストがかかるから、利益は10円ということになるね。これが1000個分だから、いくら？

梅三　1万円。

父　1万円で買う？

梅三　絶対1万円儲かるなら買ってもいいな。

竹二　でもさ、途中で死んじゃうかもしれないじゃん。

梅三　そうか、そうしたら損しちゃうね。

父　そういうリスクがあるよね。ニワトリは平均的に1000日間卵を毎日1個産み続けるけど、目の前にいるこのニワトリが産むのは800個かもしれないし、1200個かもしれない。病気もいまのところないけど、絶対にならないとは言えない。ニワトリを1万円で売ることができれば、1200個産んだ時の利益を逃すかもしれないけど、800個しか産まなかった場合や、病気で死んでしまった場合のリスクから解放されることになる。そして、そのリスクはニワトリを買った人が負うことになる。

竹二　ならたくさん飼えばいいんじゃない。平均で1000個になるはずだから。

父　そうだね。実際、養鶏業者は何万羽も飼育してる。ところで話は脱線するけど、養鶏農場にいるニワトリは、8カ月、240日しか卵を産ませない。生まれてだいたい2年で鶏肉にされちゃう。

梅三　もったいない!

父　ただ飼育するだけなら、5年は生きるんだけど、地球上最強かつ最も贅沢な動物である人間がスーパーのカゴに入れるような卵を産める期間はそれくらいしかないいんだよ。老化したニワトリの卵は、殻に模様が出たり、表面がガサガサになったり、割れやすくなったりしちゃう。それからニワトリは老化すると卵管が広がることでサイズが少し大きくなっちゃう。そうすると黄身の盛り上がりが小さくなっちゃうらしいんだ。さらに産卵率も落ちてくる。

竹二 それは老化だから仕方ないけど、やっぱかわいそうだね。

父 でも、もし鶏卵用のニワトリが天寿を全うするまで育てたら、ただ餌を与えるだけになって、卵1個の値段がそれこそ100円、200円になっちゃう。ニワトリを早く殺すのはかわいそうと言いながら、卵の値段が1個100円になったら買わない。俺らの生きてる世界は矛盾ばっかりだよ。だからせめて食べ物を口にする前には「いただきます」を言わないとな。

梅三 命をいただきます、だものね。

父 そう。話を戻すと、ニワトリの値段は、たくさん飼うなら平均1万円が妥当かもというところまでいったかな。じゃあ仮に梅三が持っているニワトリを竹二に1羽あたり1万円で売るとする。竹二がその代金を現金で払うけど、そのニワトリのコストを全て回収できるのは1000日後だ。なんかちょっと損な気がしない?

竹二　する。

父　そう。これからとても大事な考え方を説明するよ。**いま目の前にある1万円と、1000日後に手にできる可能性のある1万円の価値は違う**というのは、感覚の通り。だから竹二は1000日後の1万円はいまこの時点で手に持っている1万円とどれくらい差があるのかを考える必要がある。そして、それを数字で表す方法が存在する。

■「1万円の10年後」で考える「割引現在価値」の概念

父　ニワトリの話からいったん外れて、いま竹二が10万円を利息1％で10年間銀行に預けるとしよう。まず1年後にはいくらになってる？

竹二　10万円の1％は1000円だから、10万と1000円。

父　そうだね。それを10年繰り返すということは、1・01の10乗で、いまここで計算すると、1・10462倍になる。ざっと1割増える計算になるね。

竹二　わかる。

父　ちなみにこの計算は「**複利**」という。利息のつけ方には単利と複利がある。単利は、元金に対してだけ利息が付くこと。**複利というのは一度受け取った利息に対しても利息が付くこと**。実際に銀行預金は複利で利息が付く。

竹二　最初の年の1・01倍の、0・01に当たる部分が、金額にすると1000円の部分に対して、さらに1・01を掛けてるってことだよね。

父　その通り。複利はアインシュタインが「人類最大の発明だ」と言ったと伝えられている。株式投資でも複利の考え方もとても重要だから、よく覚えておいてもらいたい。話を戻すと、金利が1%だとすると、現在の1万円と10年後の1万1000円は同じ価値があるとみなすことができる。その場合に「10年後の1・1万円の現在価値は1万円である」という言い方をする。

竹二　わかったような、わからないような……。

父　大丈夫。父さんも大学で初めて習ったとき、ちんぷんかんぷんだった。でも具体例で考えればイメージが湧くよ。ニワトリは1000日卵を産むから、まあ3年と考えよう。銀行預金の利息が1%として、3年後にはどれだけ増えてる?

竹二　えっと、1・01の3乗だから……、1・030301。だいたい3%増えてることになる。

父　元が1万円だから合計すると？

竹二　1万と300円。

父　ってことは、このニワトリを1万円で買うよりは銀行に預けた方がいい、ってことになるよね。じゃ、いくら以下で買わないといけない？

竹二　9700円以下。

父　そうなんだ。言い方を変えると、利息が1％の状況で、3年後の1万円の現在価値は9700円、ってことになる。さらにそれだとトントンだから、ちゃんとこのビジネスで利益を出そうと思ったら、もっと安い値段で買わないと割に合わないよね。

竹二　なるほど。おい、梅三。俺やっぱり買うのやめる（笑）。

梅三　じゃあ、俺はどうしたらいいの？

父　さっき10万円を1％の利率で銀行に預けるという例を出したよね。でも、10万円をもっと有利な条件で増やしたいと考えるのが普通だ。実態としていまの大手銀行の普通預金の金利は0・02％（24年4月時点）、100万円を1年間預けてやっと200円の金利。定期預金にして5年定期とかを選ぶと、何と普通預金の10倍とかの金利がつくけど、それでも0・2%にしかならない。

竹二 増えるだけマシだけど。

父 でも欲の深い人は、もっとリターンが大きくなる可能性のある商品、例えば上場株式への投資や、何か商品を買ってオークションやフリマアプリで売ることを考えるよね。100万円を増やす手段はいくらでも考えられる。だから、ニワトリの買い手はいま持っている1万円を増やす手段として梅三の持っているニワトリを買うのが損なのか得なのか、他の投資機会と比較して考えているというわけ。だから梅三は最低でも1万円を1000日間銀行に預けている間に得られる利息よりも、お得になる金額を提示しなければならないんだよ。

竹二 ちょっとでも得になる投資先を常に探さなきゃなんない、ってことだね。

■経営者60歳の中小企業の「現在価値」

父 いま金利という観点で現在価値を見てきたけど、リスクについて考えなければならないよね。さっきニワトリが本当に1000日間毎日1個産むかどうかもリスクだし、本当に卵1個当たり10円の利益が取れるかどうかは確実ではないというのもリスク。ニワトリの買い手が養鶏業者のようにノウハウを持っている人であればリスクは小さいけど、全くの素人であれば上手に卵を産ませ続けられるかどうかというリスクもある。こんなことも考慮に入れて価値を考える必要があるんだよ。

竹二　でも現実にはどう使うの？

父　モノの値段から会社の値段に至るまで、ビジネスの世界ではこの**将来生み出す価値を現在の価値に直すといくらなのかという考え方**を用いて価値が計算されている。その価値が、さっきの「**現在価値**」。例えばいま多くの中小企業が後継者問題を抱えている。日本の高齢化は深刻だというのは君らも知ってると思うけど、中小企業も例外じゃない。2020年時点での中小企業経営者の平均年齢は何と60歳。

梅三　そうなんだ。もっと若いと思ってた。

父　いや、全然。父さんの好きな飲食店も、高齢を理由に閉店したところがたくさんあるよ。廃業する以外の方法があるのに、ホントもったいないと思うよ。

竹二　この前店を買うって話してたよね。

父　そう。例えば夫婦二人で切り盛りしていて、ノウハウは全てこの夫婦が持っている店があるとしよう。お客さんがついているならば、利益は出ているはずだよね。

店の家賃や光熱費、材料費、人件費、利益をきちんと計算すれば、この店の現在価値は簡単に算出できる。レシピが門外不出で、店主が文章を書くのが苦手だったとしても、誰かに頼んでレシピを文字や映像にして残しておけば、味が変わるリスクが減らせるから、その分高い価値がつくはずだ。そうすればお店を適正な値段で売ることができ、夫婦にはキャッシュが入り、お店も存続する。

竹二 皆そうすればいいのに。

父 そうなんだよ。あらゆるビジネスには値段を付けられるし、売り買いの対象になる。でも知らない人が多いんだよ。儲かっているのに廃業した店は夫婦が企業価値に関して聞く耳を持たなかったのか、アドバイスする人がいなかったのか、原因はいろいろだと思うんだけど、本当にもったいないと思う。

竹二 基本的に株と考え方は似てるよね。

父 似ているどころか、全く同じなんだよ。会社を理解すれば株もわかるし、その逆も然り。同じことを別の角度から見て表現しているだけなんだよ。例えば株に投資する金があったら、いまうまくいってる店を買って、自分でもっと大きくしようという選択肢だってある。その時にこの会社の値段の決め方について知っておくことは、必ず役に立つよ。

梅三　農夫にも教えてあげたらよかったのにね。

父　イソップの寓話は紀元前6世紀ごろに作られたと言われてるけど、その当時に現在価値という考え方があったのかどうかまでは、ちょっとわからないなぁ。

■消費者金融の利息にはリスクが織り込まれている

父　少し観点を変えて、現在価値を考えるにあたって、お金の貸し借りの例を見てみよう。友人が「5年後に必ず返すから1万円貸してくれ」と頼んできたとしよう。仲のいい友人だから必ず返してくれると信用できるとしても、1万円をそのまま貸すのはあまりにお人好しすぎる。だってさっきの例みたいに、君らは1万円を他の方法で増やすこともできるからね。

竹二　じゃあ、利子を取れってこと？

父　そう。友人から利子を3％もらうとしたら、5年後には1万1600円返してもらう約束をしないといけない。金利3％の5年間は、総額が16％増える計算だからね。それに当てはめると、5年後に1万円返してもらいたいならば、いま貸せる金額は8700円、ということになる。

竹二　なんかケチって思われそう。

父　いやいや、それでもまだ寛大な方だよ。本当ならもっと乗せなきゃいけない。

梅三　どうして？

父　その友人はたぶん返してくれると思うけど、そうじゃない可能性もあるよね。期限までに返してもらえなかったら丸損だよね。損をするのは嫌だし、父さんみたいに地獄の果てまで追いかけるのはもっと嫌だと考えるなら、貸さないというのも一つの考え方だよ。でもビジネスの世界では返ってこないリスクを数字に置き換えるんだ。例えば、返ってこない確率が五分五分だと考えるなら、5年後には2万円以上を返してもらう約束をする必要がある。5年で倍以上というと、金利に直すと15％にもなる。5年後に返してもらう金額を1万円にするなら、いま貸せるお金は5400円だ。

梅三　うわ、少ない！

父　でも実際にこれと同じレートでお金を借りてる人は世の中にたくさんいるんだよ。消費者金融でね。よく電車広告で見かけない？「ひと月以内に返せば」金利手数料ゼロ、ってうたってるやつ。

竹二　うーん、気にしたことないかも。

父　中高生には関係ないか。消費者金融でお金を借りれば、15％の金利はよくある利率なんだ。この金利で長い期間お金を借りると、とんでもない金額になっちゃうのは、さっきの計算でイメージできるよね。

梅三　5年でだいたい倍くらいになっちゃう。

父　実際は、消費者金融で貸すお金は単利、利息には利息が付かない計算になっている。5年で倍まではいかないけど。元本を途中で返済しないとすると10万円に対して毎年1万5000円ずつ支払利息が増えていく。

梅三　5年だと7万5000円だから、75％増しか。

父　そう。実際は約束したスケジュール、例えば毎月いくらとかで返す約束で借りるんだけどね。いずれにしても消費者金融の利息を見る限り、消費者金融側は、ここでお金を借りる人たちから返してもらえないリスクをかなり大きく見積もっていることがわかると思う。

梅三　お金借りるって怖いね。

父　それは一概には言えないかな。ビジネスをやっていたらお金を借りないと成長できないから。生活費や交遊費のために、高い金利でお金を借りるのは絶対にするな、とは言っておきたいところだ。

■将来「億り人」になりたいなら、いまいくら必要か

父　ここからは割引現在価値を反対側から見ていこう。君らがいまから30年後に1億円持っていたいとする。いまいくら投資すればそこに届くと思う？

梅三　えー、5000万円とか？

竹二　グーグルみたいな会社を見つけて100万円突っ込む。

父　それは面白い。答えは利率によって変わる。過去数十年の株式市場のリターンは平均すると6％程度と考えられている。仮にこの6％を適用して30年間運用すると、いま必要なお金は1740万円。割引率6％を30年というスパンで見た時の1億円の現在価値は1740万円ということだ。

梅三　それにしても1740万円は大金だわ。

竹二　でも30年で約6倍になるってことは、要するに複利効果はそれくらいでかいってことが言いたいんだよね、父さん。

父　その通り。だけどほとんどの人はそれだけのお金を持ってないし、持ってたとしても生活費や子供の学費なんかに必要だから投資には回せないよね。でも余裕資金のあるお金持ちの人がどんどんお金を増やせるのが、この単純な説明でわかってもらえると思う。

梅三　お金がない人はどうするの？

父　お金がない人でも1億円を作ることができるんだよ。じゃ同じ条件、つまりリターン6％で30年間コツコツお金を投資することで1億円作るためには、毎年いくらずつ投資すればよいかを試算した。それがこの表（図表21）。ちなみにこの試算では手数料、税金等は考慮していない。

父　毎月10万円ずつコツコツ投資していくと30年後には約1億円になる計算だ。注目してほしいのは元金と利息の差ね。梅三、元金はいくら。

梅三　3600万円。ってことは残りの6200万円は利息か。

父　そうなんだ。なぜこうなるかと言えば受け取った利息もどんどん利息が付いていくから。複利効果はそれくらい大きいんだ。さすがに月に10万円投資できる人は少ないから、仮に月に1万円としよう。毎月1万円コツコツ銀行に貯金すると、30年後

図表21　1億円を作るには毎年いくらずつ投資すればいい?

年数	元金	利息累計	元利合計
1年	1,200,000	39,160	1,239,160
2年	2,400,000	152,610	2,552,610
3年	3,600,000	344,820	3,944,820
4年	4,800,000	620,600	5,420,600
5年	6,000,000	984,910	6,984,910
6年	7,200,000	1,443,160	8,643,160
7年	8,400,000	2,000,900	10,400,900
8年	9,600,000	2,664,050	12,264,050
9年	10,800,000	3,439,000	14,239,000
10年	12,000,000	4,332,490	16,332,490
11年	13,200,000	5,351,530	18,551,530
12年	14,400,000	6,503,710	20,903,710
13年	15,600,000	7,797,000	23,397,000
14年	16,800,000	9,239,950	26,039,950
15年	18,000,000	10,841,490	28,841,490
16年	19,200,000	12,611,140	31,811,140
17年	20,400,000	14,558,920	34,958,920
18年	21,600,000	16,695,560	38,295,560
19年	22,800,000	19,032,400	41,832,400
20年	24,000,000	21,581,490	45,581,490
21年	25,200,000	24,355,500	49,555,500
22年	26,400,000	27,367,940	53,767,940
23年	27,600,000	30,633,150	58,233,150
24年	28,800,000	34,166,220	62,966,220
25年	30,000,000	37,983,300	67,983,300
26年	31,200,000	42,101,400	73,301,400
27年	32,400,000	46,538,600	78,938,600
28年	33,600,000	51,313,970	84,913,970
29年	34,800,000	56,447,880	91,247,880
30年	36,000,000	61,961,810	97,961,810
合計	36,000,000		97,961,810

出所：著者作成

には360万円貯まる。これは100%確実だ。だけどリスクを取って株式投資をした人の手元には1000万円残る。
投資の効果はこれくらい大きいということを覚えておいてほしい。

■なぜ複利効果をわかっていても実践できないのか

竹二　でもこんな単純な話だったら皆やってるんじゃないの？

父　実際はそうじゃないんだ。これはあくまで父さんの感覚値なんだけど、たぶん複利効果の話は日本で教育を受けた人なら多くの人が聞いたことがあるはずなんだ。

梅三　ああ、あれね。秀吉の米の※1倍増しの話。

父　これがまさに複利効果。複利効果の話はみんな知ってる。だけど投資で実践できないのはいくつか理由があると思う。大きな理由の一つが「現在バイアス」。これは**目の前にある事柄を過大に評価してしまう傾向**のこと。これは誰でもそうなんだけど、未来にある喜びよりも目の前の喜びを重視するよね。

梅三　勉強しなきゃと思ってても、ついゲームやっちゃうとか。

父　そう、まさにそれ。要するに目の前の欲求に負けて大事なことを先延ばししちゃうんだよね。人間誰しもそうなんだよ。自分だけがだらしないわけじゃない。でも違いはそれを我慢できるかってこと。さっきの計算で言えば、第一歩の1万円は30年後には約5万7000円になる。頭ではわかっててもその1万円を目の前の快楽を得るために使っちゃう。だから皆、投資に資金を回せないんだ。

梅三　我慢かぁ。

父　そう。投資のリターンは我慢に対する報酬だ。でも日本人は比較的我慢ができる国民なんだ。それは貯蓄率の高さに表れてる。だけど貯金はできても投資はできないんだよ。

竹二　何で？

父　お金が減るリスクを取りたくないから。過去に株式投資は平均で年6％のリターンがあったと頭では理解できるとする。だけど、それはあくまで平均で、ある年には大きくマイナスになり、それが何年も続くこともある。そうすると現実問題としてお金が減る。さらにそのリスクについても理解したとしても、お金が減る現実を受け入れられない人がいる。実際試してみたけど、タイミングが悪くてお金が減っちゃって「6%リターン」に確信が持てなくなって投資をやめちゃう。初心者は最初はほぼ全員お金を減らすんだよ。

梅三 どうして？

父 理由はカンタンだ。初心者が株式投資を始めるのは、決まって株価が上昇基調にある時期なんだ。毎日株価が上がってるというニュースを見る、知り合いが株で儲かった話をしている、だから自分もと勇気を持って始める。ところが株は上がったり下がったりする。だから上がった後は下がる。証券口座のサイトをチェックすると具体的な金額がマイナスになっている。初心者はお金が減った経験がないから、少しのマイナスでもうろたえる。そしてしばらく上がらなければ売ってしまう。これで必ず損するんだよ。それが何回も重

なると「自分は株式投資に向いていない」とあきらめてしまう。

竹二　最初は減っちゃうんだー。

父　ああ、必ずと言っていい。だから確信をもって、長期的な視野で銘柄を選べと口を酸っぱくして言ってるんだ。もっと成長するはずだと思ってる株の値段が下がったら、むしろ買いでしょ？　だって良い商品（株式）が安く売ってるんだから。

梅三　そりゃそうだ。

父　かくして多くの人がちょっと株式投資に手を出しては撤退しちゃうんだよ。まあこのあたりの心理状態は自分のお金を投資してみないとわからないと思うよ。だけど最初の銘柄を買う前に、もう一度思い出してもらいたいところだね。

まとめ

■ いま手元にある1万円と将来手にするはずの1万円の価値を比較すると、手元の1万円の方が価値が高い。**価値の差は「割引率」と「経過年数」によって推定**できる。

■投資家を目指すなら、消費者金融やリボ払いの利用者になってはいけない。

■毎月10万円を6％の利率で毎月コツコツ積み立てると、30年後には約1億円の資産ができる。積み立てた元手は3600万円、利息が6200万円と、元手より利息の方がはるかに大きくなる。**お金を増やすうえで複利効果は絶大**である。

■複利効果を理解していても投資に踏み切れない理由は主に2点。

■人には現在バイアスがあり、先延ばし欲求に打ち勝つのが容易ではない。

■先延ばし欲求に打ち勝ったとしても、投資初心者は初期にお金が減るストレスに耐えられずに株式投資から撤退してしまうため。

■株式投資初心者は、**最初は必ずお金を減らす**。明確な理由を持って買った銘柄ならば、あわてて売って投資元本を減らさないこと。長期的視野に立って耐える能力を身に付けること。

※1 秀吉が「何でも好きな褒美をやる」というと、家来の曽呂利新左衛門は「この広間の畳に、端の方から一畳目は米一粒、二畳目は二倍の二粒、三畳目はその倍の四粒、というように、二倍、二倍と米を置き、広間の百畳分全部いただきたい」と言った。秀吉はせいぜい米俵一俵か二俵くらいだと思い承知したが、試算してみるととんでもない数字になることがわかり、秀吉は新左衛門に謝って他のものに替えてもらったという話。

■「買収」と「M&A」はずいぶん印象が違うけど……

父　今回は会社の買収をテーマに話をしよう。会社を買うことは一般に「買収」と呼ばれる。買収ってどういう意味か、ちょっとスマホで辞書を調べてみてよ。

竹二　買い取ること、買い占めること。用例は「土地を買収する」。

父　そうだね。他には？

竹二　「有権者を買収する」などのように、ひそかに利益を与えて味方にすること、という意味もある。

父　どうも、買収という言葉は好ましい行為を表す言葉として使われていない印象があるけど、どう？

竹二　あんまりいい印象はないかも。

父　言葉が先にあったのか、行為そのものが好ましくないからなのかはわからないけど、会社の買収って聞くと、一般にはネガティブな印象を持つ人が多いんだ。

竹二　乗っ取りとか、そんな感じ。

梅三　金で会社を乗っ取ろうとする悪い奴らを追い出す、みたいなドラマありそう。

竹二　あるある。

父　じゃあ、M&Aって聞くとどう?

竹二　なんかカッコイイ感じ。専門的で先進的で、期待が持てそうな。

父　M&Aの元の英語は Mergers and Acquisitions。Merger とは合併という意味。英語には merge という動詞があり、合わさる、一緒になるという意味。英語圏の国に行くと、道路が合流する場所に merge と書かれた看板がある。それからIT業界だとカタカナ語として使う人もいて、二つのファイルを一つにすることを「ファイルをマージする」と言ったりする。Merger はこの Merge の派生語な。

竹二　Merge は合併、と。

父　Acquisition は獲得、入手、取得という意味。いま話している文脈では買収という意味になる。

竹二　M&Aは、「合併と買収」ということね。

父　言葉は不思議なもので、M&Aと聞くとカッコイイ、いまの世の中に必要な取り組みだと考える人がいる。大学に「コーポレートM&A研究」というゼミがあれば優秀な学生が殺到しそうだけど、「会社買収と合併研究」という名前だとなかなか人が集まらない気もするね。

会社の買収に否定的な印象を持つ人たちの中には、会社を買う人たちのことを「乗っ取る」と表現する人もいる。創業者が強い想いを持って会社が生まれ、たくさんの社員が協力し合って育ててきた会社をお金で買おうというのはけしからん。家族を支える社員を切ってコストを下げ、美味しいところだけ持っていくのは道徳的に問題がある。人の心を理解できないただの強欲な連中である、というロジック。

梅三　父さんはどう思うの？

父　自分が勤めている会社が他の会社に買われたら、間違いなく不安にはなると思うな。一方で自分が経営している会社を納得する条件で買ってもらったら、ありがとうございます、という気持ち以外にはないね。それでも考えもしなかった方法で騙されて乗っ取られたら腹が立つどころの話じゃない。

■銀行の「経営統合」でなぜ転職者が出るのか

竹二 つまり、立場によって意見が変わるってこと？

父 その通り。企業買収によって影響を受ける人の割合で言ったら圧倒的に従業員の方が数が多い。だから買う方も売る方も、従業員の気持ちをできるだけ気遣う発言をするものだよね。例えば「経営統合」とか。

竹二 「合併」とどう違うの？

父 言い方の違いだけ。「経営統合」の中身を見ると、実態は強いものが弱いものを飲み込む形での買収であることが一般的。父さんの同級生の中には新卒で銀行に就職した仲間がたくさんいるけど、買収された方の銀行にいまでも勤め続けている人はほとんどいない。皆買収されてしばらくすると転職しちゃう。組織の長が買収した方の会社から送り込まれるのを見て、居心地が悪くなって、自分にはもうこの組織では出世の道が閉ざされた、って思うらしいんだよね。それで意を決して新天地を求めて行くというわけ。これは銀行に限らずどこの業界でも全く同じ。だから、表向きの手法は「合併」とうたっていても、実態は「買収」なんだよね。

竹二 なかなか厳しいね。

父 そうなの。物事は思い通りにはいかないんだよ。自分の力の及ばないところで前提条件がころころ変わるのが、むしろ普通だ、くらいに思ってないと生きていけない。それでもやっぱり、買収のような弱肉強食のやり方は日本ではなじまない。我々はすべての人たちを尊重するということで、「対等合併」や「経営統合」という名前で一緒になることがある。一部にはそれは素晴らしいと褒めたたえる人もいる。実際日本の社会は「中空構造」で成り立っているという説がある。

竹二 中空構造って何？

父 これは心理学者の河合隼雄が主張している説なんだけど、日本の社会構造には中心がないという特徴がある。逆に中心がある、例えば強力なリーダーがいるとうまく機能しないという説。今度一冊読んでみるといいよ。[※1]

■上場とは会社を売ることである

父 ちょっと話がそれてしまったけど、そうは言っても実際は、対等合併が上手くいくのはレアケース。いろんな人の意見を聞きすぎると何をしたいのかがぼやけてくるし、個々のやり方を尊重しすぎると、それを維持するためだけでなく、帳尻を合わせるための仕組みづくりにかえってコストがかかる。対等合併をした結果、それぞれのコストが1で、三つ合わさって3になるはずが、4に増えちゃった、みたいなことが現実に起こっている。

竹二 どういうこと?

父 例えばそれぞれの会社にあった人事部が形の上では一つの組織になるんだけど、中身は三つそれぞれ全く分かれていて、さらにその三つを調整するためだけの組織を新しく作る、みたいなこと。これは極端な例だけどね。一方で、買収されることによって会社の利益が増え、従業員の雇用も安定したという例もある。

例えば日本電産という会社の創業者である永守重信さんは、これまでに60社以上を買収してきたけど、ほとんどの会社が黒字化を果たしたと言っている。加えて、永守さんは買収した会社の、リストラをしたことがないそうだ。一般論として、M&Aは非常に難しく、成功するのは多く見積もっても2、3割だと言われてる。でもM&Aが失敗するのは、さっき例に挙げたようなマネジメントの問題であって、M&Aという取り組み自体が悪いわけではない。それどころか、M&Aとそれを支える考え方は、現代社会を支える仕組みなんだよ。前置きが少し長くなったけど、今回のテーマはこれだ。

竹二 あんまり実感がわかないけど。

父 多くの人にとって、自分が勤めている会社は自分の生活を支える経済的な基盤であり、自己実現の手段でもある。誰でも知ってる会社に勤めていて近所からも一目置かれていたのに、勤務先の会社が売りに出されていると新聞に載るようなことがあると、近所での体面が保てないと思う人もいたりする。だから、会社に値段をつけて売り買いの対象にするという発想は、大きな違和感があるというのは感情論としては理解できる。

竹二 さっきの話ね。立場によって意見が違うと。

父 そう。でも別の見方をすれば、会社は法律に従って設立される仕組みであり、器にすぎない。そもそも会社は人々が豊かで幸せになるための道具だからなんだ。会社を売り買いすることに否定的な人たちも、毎日株式相場とにらめっこするだけでなく、周りにも勧めてたりするんだ。でも、これは全く矛盾してるんだよ。

竹二 どうして？

父　なぜなら会社を売り買いするという意味においては、株式の上場もM&Aも同じだから。会社に値段をつけるということは、会社の株式に値段をつけるという意味。会社を買うということは、会社の株式を買うということだよね。

竹二　それは前聞いたからわかる。

父　M&Aとはその会社の株式をある特定の相手に売ることであり、株式の上場とは、会社の株式を小口にばらして証券市場で不特定多数の投資家に売ることだ。つまり、上場したということは、会社は売られたということになるんだよ。

■「株式会社」は世界最大の発明の一つ

父　**株式会社は世界最大の発明の一つであり、資本主義の根幹をなすもの**だ。

なぜそう言えるのか、少しだけ歴史のお勉強をしよう。いつの世も、大きな仕事をしたい、世の中を変えるような新しいものを生み出したいという野心家が存在する。このような人たちは業を起こす人、「起業家」と呼ばれる。起業家が目標を実現するには資金が必要だ。でも、自分の手持ちのお金だけでは大したことはできない。そこでお金持ちに頼んでお金を出してもらう。でも、出してもらう時の約束が借金だと、もし事業が失敗したとしても契約上は必ず返さなければならない。

竹二 地獄の果てまで追いかけられるってやつね。

父 そう。失敗したら自宅も親類縁者の財産も全部処分しなければならないと考えると、そう簡単には大きな事業は起こせない。そこで考え出されたのが株式会社なんだ。「オランダ東インド会社」って聞いたことあるよね。

梅三 ある。

父 何やってた会社？

梅三 貿易。アジアで香辛料とか買ってヨーロッパに輸入してた。

父 そうだね。この会社ができたのは1602年。日本では徳川家康が征夷大将軍になって江戸に幕府を開いた前の年だね。実はこの会社が世界初の株式会社だといわれている。

梅三 そんなに昔からあるんだ。

父 そうなんだよ。株式会社には400年の歴史がある。なぜ株式会社が生まれたか。それは大航海時代に起こった問題を解決するためなんだ。マルコ・ポーロの旅を綴った『東方見聞録』なんかを読んだヨーロッパ人が、ヨーロッパ以外の国に好奇心を持ち始めて、外洋に出て行ったんだ。船を作るのは莫大な金がかかるし、航海に出た後も乗組員を長期間食わせるのに金がかかる。だから航海を企画した「事業家」はお金持ちに頭を下げて金を借りていた。

梅三 へぇえー。

■コロンブスは資金調達の名人だった？

父 コロンブスは最初の航海に必要なお金のほとんどをスペイン国王・フェルナンド2世から借りている。

梅三 コロンブスって借金して行ったんだ。

父 そう。皆アメリカ大陸を「発見」できたことしか知らないけど、その前に資金を調達したところがすごいと思うね。ものすごく人たらしで、プレゼンが上手かったんだと思うよ。当時の航海は超の付くほどハイリスク・ハイリターンだった。遭難や難破などの事故だけでなく、敵から襲撃されたりもする。船の中では壊血病や疫病感染が起こる。狭い船内で何日も一緒にいるから暴力沙汰も日常茶飯事だっただろう。そんなこんなで、乗組員の生還率は20％もいかないくらいハイリスクだったんだ。

竹二　でも、リターンは大きかった、と。

父　新しい領土を獲得して無事に戻って来られたら、桁違いの利益が転がり込んできた。航海に出るような人たちの多くは貧乏人の次男以下だったんだけど、手柄を携えて戻ってくれば、王侯貴族と同等の富と名声が転がり込んだし、お金を貸した人には大きな利権が手に入った。でもあまりにハイリスク・ハイリターンすぎるから、もう少し振れ幅の小さい方法はないかと考える人たちが出てきた。

そこで生まれたのがオランダ東インド会社。それまで一回の航海ごとに出資契約を結んでいたんだけど、莫大な必要資金を小口に分割し、この会社の株式と交換する形で資金を集めた。この株式を持つ人、つまり株主は、会社の経営に参加でき、事業が成功した場合はその利益の配分にあずかる権利を持つことができる。加えて、株主の有限責任制を導入した。つまり株主は、出資額以上のリスクは負わなくてよくなった。

竹二　リスク分散ってやつ？

父　そう。こうして、起業家やお金持ちはリスクの高い事業にも取り組むことができるようになり、オランダ東インド会社は大きな発展を遂げた。ちなみに当時の東インドとは、インダス川より東側すべての地域を指していた。設立当初は銀を輸出して胡椒・香辛料を調達し、のちには砂糖、綿織物、コーヒー、茶などを輸入するようになった。ちなみに彼らは日本とも貿易をしていた。

梅三　あれ、江戸時代って日本は鎖国じゃなかったっけ。

竹二　でも長崎の出島だけ開いてオランダとだけ貿易してたよね。

父　そう。長崎・出島のオランダ商館は、オランダ東インド会社の日本支店のことだったんだ。

竹二　知らなかった！

父　さてこのオランダ東インド会社は200年続いたものの、1799年に解散してしまったけど、株式会社というシステムは世の中で広く利用されるようになっていった。そのうち株式会社自身が、資本金を元手にお金を借りられる制度が生まれたことから、会社は資本金の何倍ものお金を借金し、より大きな事業ができるようになったんだよ。

梅三　そうなんだ。東インド会社ってそんなにすごい発明だったんだね。

父　父さんも学生時代は歴史で覚えなきゃいけないタダの出来事の一つくらいにしか思ってなかったけど、ビジネスにどっぷりつかってると、いかに画期的な発明だったかがわかってくる。モノの発明もすごいけど、こういう「概念」とか「システム」の発明によって小さな力で大きなことができて、かつリスクも少なくできるようになったんだ。もう一つ挙げると、証券取引市場もそうした発明の一つだよ。

竹二　取引システムのこと?

父　いや、ずっとそれ以前の仕組みのこと。証券取引市場は、小口の株式を売買できる仕組みと見ることができる。株式会社が生まれた頃のことを想像すると、投資家は起業家の心意気を買ってダメもとで出資したとしても、その後にいろいろと状況が変わってやっぱりお金を返してほしいと言いたくなる状況になることもある。でも株式は、最悪紙くずになることを承知してもらったうえで出資者から集めたお金だから、会社としては二つ返事でお金を返すわけにはいかない。会社にお金を貸す銀行も、食いつぶしても構わない元手となる資金があることが前提で貸してくれている。だから、株式を現金に換えたい出資者は、その株式を買ってくれる人を探さなきゃならない。

竹二 前やった相対取引ね。

父 そう。その会社のビジネスに魅力を感じる別のお金持ちが現れたら、値段が折り合えば売買が成立する。こんなふうに売りたい人と買いたい人の数がある程度の規模になって、かつ株式の売り買いが可能な会社の数が増えてくれば、取引市場が成り立つ。このようにして、株式市場が出来上がったというわけなんだ。

株式市場では、誰がどの会社の株式をいくらで何株売りたいかが掲示されて、買いたい人は手を挙げればその値段で買えるようになっている。この株式会社の仕組みと株式市場が整ったことで、お金がない人でもアイデアと決断力があれば大きな事業が起こせるようになった。現在では、この仕組みが社会を革新する新たな事業を生み出していく源となっている。それから、皆が銀行から受け取る利息も、年金として受け取るお金も、ずっと元をたどると株式会社が生み出した利益によって賄われているんだよ。

まとめ

- 「買収」という言葉はマイナスに捉えられがちだが、「企業買収」も「M&A」も「株式上場」も同じことである。
- 株式会社は世界最大の発明の一つである。これにより大規模な事業の実行が可能になり、経済が大きく発展した。
- 経済の原動力は企業が生み出す利益である。

※1『中空構造　日本の深層』（河合隼雄著、中公文庫）

03

分散投資と投資信託

■「卵を一つの籠に盛るな」はどういう意味か

父　株式投資の重要なセオリーの一つに「分散投資」というものがある。初心者向けの指南書を読むと必ず「卵を一つの籠に盛るな」という言葉が出てくる。

梅三　落とすと全部割れちゃうから？

父　そう。同じようにどれだけ優良という評価を与えられている企業であっても突然業績が悪くなったり、倒産してしまったりする。

梅三　コロナで外国人観光客が急に来なくなるとか。

父　例えばね。世の中何が起こるかわからない。それに嘘の会計データを公表している会社もある。

竹二　えー、そんなことできるの？

父　それができない仕組みになってるはずなんだけど、なぜかできちゃうときがあるんだよ。上場企業は広く一般からお金を集めるから、会社のお金に関する情報はルールに従って全て正しく公開しなければならない。皆その情報に基づいてその株を買うかどうかの判断をするからね。情報開示は法律に定められていて、監査法人[※1]がちゃんとチェックする決まりになっている。ところが監査法人にもバレないようにごまかしている会社は結構あるんだよ。例えば日本を代表する会社の東芝[※2]も粉飾がバレて大事件になって、株価が3分の1くらいにまでなっちゃった。

梅三　それはひどい。

父　本当にひどい話なんだけど、損をした投資家が怒ったってお金は戻ってこない。だから株式投資をするにあたっては、そういうことも起こりうる、と常に想定して、**お金を一つの銘柄に集中させるのではなく、複数の銘柄に分けるべき**なんだ。これを**「分散投資」**という。

竹二　貯金を全部ニトリの株に突っ込むのは危険ってことだね。

父　ああ。ニトリだって何があるかわからない。じゃあ、「どのように」「どれくらい」分散させればいいのかってことについて考えていくことにしよう。まず「どのように」から。ここに輸入した商品を日本国内で売る会社と、日本国内で調達できる材料だけを使って作った製品を海外に輸出する会社があるとしよう。

竹二　あ、円高、円安って話でしょ。

父　そう、為替レートの変動の影響の話だ。社会科の勉強も投資には役立つね。じゃ、為替レートが円高、円安に動いたときに、輸出会社、輸入会社それぞれにどういう影響があるか。はい、梅三。

梅三　えーっと。円高になると、円が高くなるってことだから、円が高いってことは……、あれ、わかんない。

父　おさらいしよう。1ドル＝100円を仮の基準として比べた時に、1ドル＝90円になると円高だ。100円で買えてた1ドルが、90円で買えるようになったってことは、ドルの価値が円に対して相対的に下がった、つまり安くなったってことだよね。その事象を反対側から見れば、円が高くなったということになる。

梅三　なるほど。ということは円高になると、輸入する会社は海外に払うお金が少なくて済むから、その分儲かるってこと？

父　そうだね。輸入会社は値段を据え置きにすれば利益が増えるし、海外からの仕入れ代金が少なくて済んだ分値下げすれば、お客が買いやすくなって売上が増える。じゃ、反対に輸出会社はどうなる？

梅三　100円もらえてたのが、90円しかもらえなくなるから売上が減る。

父　そうだね。つまり円高は輸入会社にはプラスで、輸出会社にとってはマイナスの影響がある。そして円安はその逆だ。だから為替レート変動のリスクを分散するには、輸入会社と輸出会社の両方を買うべきなんだ。

■輸出会社と輸入会社、両方買っておけばリターンは出やすくなる

竹二　でもさ、そうしたらプラスマイナスゼロになっちゃうんじゃないの？

父　いい質問だ。ところが実際はそうはならない。なぜなら輸出入をしている会社はもともとある程度の為替レートの変動を考慮に入れて値付けをしている。だから円高・円安が想定の範囲であればどっちにしても利益が出る。

竹二　それでも損することはあるよね。

父　そこが上場企業株を買うことのミソだ。小さい会社は本当に赤字になってしま

うこともあるけど、そうならないようにビジネスを作っているからこそ、上場を維持できてる。それに上場企業は想定内の環境変化であれば毎年成長するように事業計画を立てている。だから**輸入・輸出の会社両方を買っておけば平均的には株式投資のリターンを得られる可能性が高い**と考えることができる。

竹二　逆に予測することはできないの？　円高になるから輸入企業の方が伸びるだろうとか。

父　予測するのは自由だけど、それが当たるとは限らない。**特に為替レートは本質的に予測不可能だ**。年末になると毎年新聞やビジネス誌で「専門家」なる人たちが予測を発表してるけど、皆バラバラ。バラバラだから誰かは当たる。でも同じ人が毎年当てられるわけではない。さらに想定外の出来事、例えば金融危機やパンデミックが起こると誰の予測も当たらない。「想定外の事件」が起こると予測が当たらないのであれば、やっぱり予測は当たらないんだよ。

当たると信じてお金を賭けるのはその人の自由だけど、想定外の事件で相場が予想と逆に動いて損を被るのは自分だからね。「あんたの予想を信じたのに外れたじゃないか！」って文句言ってもお金は戻ってこない。

輸入会社と
輸出会社の
両方を買おう
輸出
輸入
輸出は
自動車とか。
輸入は…
石油関連
とか？
GS
OIL

竹二　でも予測しないと、なんか面白くない感じがするよ。

父　もちろん予測の当たり外れに株式投資の面白さを見出している人もいる。でも父さんが指摘してるのは、為替レートの予測は不可能、という点に限っている。

竹二　為替レートが予測できないということは、そう理解するよ。でもさ、他の理由で例えば「これからは輸出が伸びる」とかそういう視点で銘柄を選ぶべきなんじゃないの。どっちに転ぶかわからないから輸出会社と輸入会社両方買っとけ、ってのはいい加減すぎる気がするよ。

父　お、いまいいこと言ったぞ。

竹二　何が？

父　「いい加減」って。実は株式投資は「いい加減」にやるのが一番結果がいい。

梅三　そうなの⁉

竹二　んなわけないっしょ。

■投資は「いい加減」がベスト

父　世の中には会社の利益を左右する様々なリスクがある。先の為替レートの変動以外にもいろんなリスクがある。「想定外」という言葉がある通り、全てのリスクを想定して評価することはできない。だから結局のところどれだけ予測しても正確に当たることはない。だから「プロ」の選んだ銘柄と、適当に選んだ銘柄の組み合わせを長期間それぞれ運用した場合の運用益には有意な差が見られない。

梅三　そしたらプロじゃないじゃん。

父　それはプロをどう定義するかによる。プロ野球選手はアマチュアより絶対にうまいのは確実。ゴルフなら、プロゴルファーと言っても二つあって、トーナメントに出るプロはアマチュアより間違いなくいいスコアを出す。でもレッスンプロはそうとは限らず、レッスンプロよりも上手なアマチュアゴルファーはたくさんいる。でもレッスンプロは資格を持っていて、ゴルフ業界の決まりではその資格がないとお金をもらってゴルフを教えてはいけないという縛りがある。他にも各業界でプロの定義はそれぞれ違うんだ。

梅三　じゃあ、株のプロは？

父　日本では「金融商品取引法」で定められている他人のお金を預かって運用する「投資運用業」とお金をもらって他人に投資のアドバイスをする「投資助言・代理業」の二つを行う人がプロということになるだろうね。これらの仕事は、内閣総理大臣の登録を受けなければ行ってはいけない。ただし、登録に当たっては過去の株式投資で儲かったかどうかは問われないし、登録後も運用成績が悪いという理由で登録から外されるようなこともない。だけども四六時中株式市場に携わることで生計を立てているという意味で立派なプロフェッショナルだ。

竹二　プロのミュージシャンが作った曲が売れるとは限らないみたいなことかなぁ。

父　前に、株式市場はプロ・アマチュアが入り混じった無差別級のバトルだという話をしたと思うんだけど、実はプロだから勝っている※3という明確なエビデンスはいまのところ確認されていないんだ。株式のプロの代表的な仕事として「ファンドマネジャー」なる職業がある。ファンドマネジャーは投資信託を運用する仕事だ。

■20銘柄持てばリスクは減らせる

父　さっき株式投資のリスクについていくつかの例を挙げたんだけれど、実は株式投資のリスクは個別リスクと市場リスクの二つに分けることができる。個別リスクは、各企業に固有の事情で生じるリスクのこと。市場リスクとは市場全体の価格が変動し、全部の株式が同じ方向に動くことから生まれるリスク。と言ってもよくわからないと思うから、いくつか例を挙げよう。

- 個別リスクの例：名物社長の退任、製品の欠陥によるリコール、新商品の発表
- 市場リスクの例：原油価格の高騰、景気の減速、金利の上昇

「卵を一つの籠に盛るな」の話に戻ると、じゃ一体いくつ籠を用意する、つまりどれくらいの銘柄に分散すればいいかという疑問が出てくる。その答えは20銘柄。**20銘柄持っていれば個別リスクはほぼゼロになる**と試算されている。

竹二　つまり20銘柄買えってこと？

父　シンプルに言うとそういうことだ。だけど20銘柄買うのは現実問題として難しい。仮に第3講で取り上げた東証プライムの時価総額トップ20企業分を全部買うと、約2600万円も必要になる。

竹二　俺らには無理だわ。

父　ほとんどの大人でも無理だわな。仮に単元未満株で買っても26万円必要。社会人なら決断できる金額だけど、中高生が一度に買うのはハードルが高いよね。そこで多くの人たちが検討するのが「投資信託」※4だ。一言で言うと、**投資家のお金をプロが代わりに運用してくれるという金融商品**のこと。

竹二　それ良さそうじゃん。

父　ところが投資信託にはいろんな問題がある。まず投資信託を買うと手数料を取られる。その手数料は「販売手数料」と「信託報酬」に分けられる。販売手数料は買う時に取られるもの。

竹二　株を買っても手数料は払うんじゃないの？

父　それはその通り。しかし桁が全く違う。高いものだと3％取るものもある。

梅三　それって高いの？

父　高いよ！　だって始めた瞬間に元手が3％少ないところからスタートするわけだから。複利計算するとそれが長期では大きなインパクトになる。それよりも問題なのは信託報酬。これは運用資産に対して一定の割合で「毎年」運用会社が取っていく。高いものだと2％近く取っていくから、毎年2％ずつ自分の資産が目減りしていくことになる。

竹二　確かに、さっきの複利の話で考えると長い時間をかけた場合結構大きいよね。

父　投資を始める人は「自分でどの銘柄を買ったらいいかわからない、プロに任せれば安心」といううたい文句に反応しちゃう人が一定数いる。父さんも最初はそうだった。

だけど**プロに任せれば安心ということは言えない**。市場リスクはプロでも排除できないから下がるときは下がるんだ。さらに手数料が大きい。でも投資信託自体が悪いわけじゃなく、悪いものと良いものがあるということ。その選び方についてはこの講座の最後で詳しく説明する予定。それでは今回はここまで。

まとめ

■ どれだけ優良な企業でも、不測の事態により期待通り成長するとは限らない。だから「卵を一つの籠に盛るな」つまり分散投資を行うべきである。

■ 株式投資のリスクは大きく二つに分類できる。

■ 個別リスク：各企業に固有の事情で生じるリスク

■ 市場リスク：市場全体の価格が変動し、全部の株式が同じ方向に動くことから生まれるリスク

■ **個別企業のリスクは20銘柄でほぼゼロになる。**しかし20銘柄も持てない、銘柄を選ぶ能力がない、銘柄選定と管理の手間を省きたいなどの投資家のため、**「投資信託」**という金融商品が存在する。

■ 投資信託を購入する際には「販売手数料」と「信託報酬」が安い商品を選ばなければならない。

※1　監査とは企業の会計を法律に照らして問題がないかどうかを確認すること。監査法人とは、監査業務を組織的に行うために公認会計

士が共同して設立した法人のこと。

※2 複数の事業部で合計1500億円の水増し（嘘の）利益が計上されたことが2015年2月に発覚した事件。これは全くの余談だが、一般的に粉飾決算と呼ばれる行為が、なぜかこの件では不正会計と報道されているあたりが「日本的」である。

※3 様々な実証研究がある。例えば某ファンドが選りすぐった5本の個別ファンドとS&P500を9年間運用したところ、S&P500が圧勝だった。『バフェットからの手紙』を参照。他にも『ファスト&スロー』第3部 自信過剰／第20章 妥当性の錯覚（ダニエル・カーネマン著、村井章子訳、ハヤカワ・ノンフィクション文庫）などを参照。

※4 投資信託とは、投資家から集めたお金をひとつの大きな資金としてまとめ、運用の専門家が株式や債券などに投資・運用する金融商品のこと。その運用成果は投資家それぞれの投資額に応じて分配される。最もよくまとまっているサイトの一つとして（社）投資信託協会の運営するサイトがあるので、より詳しい定義や説明はこちらを参照のこと https://www.toushin.or.jp/index.html

COLUMN

勉強ができることと仕事ができることの違い

ここに二人の鍵職人がいる。客から壊れた鍵を直してほしいと頼まれて現場に駆け付けた。一人の鍵職人は5分も経たずにサクッと直した。もう一人はあれこれ試しながら30分時間をかけ、修理を終えた。さて修理の難易度、客の懐具合、料金が同じだった場合、客が感じる満足度はどちらの方が高いと思う？

答えは時間をかけて鍵を直した職人のほう。「難しい仕事にじっくり取り組んでくれた」と感じる客の方が多いんだ。5分で鍵を直した職人には「そんな簡単な仕事に大金を払うのは嫌だ」と感じてしまう。鍵職人が「この技術修得にかかった時間は40年と5分です」と言っても、客には損した気が残ってしまうものなんだ。

受験勉強的に言えば5分で問題解決できる職人の方がエラい。ビジネス的にもその方が生産性が高い。だけど雑談を交えたり修理の過程を見せたりしながら時間をかけた方が満足する客の方が多い。仕事は客が満足してナンボ。つまり相手がある。そして相手の満足度とは時に生産性とか効率とかよりも、「どれだけ自分のためにに尽くしてくれたか」と感じる、効率とは対極にあるところが重要だったりする。さらにこの非効率性がクチコミを呼んで客が増え、結果的にビジネスの効率性が上がる。これが学校の勉強と仕事の一番の違いだと父さんは考えてる。「同じ結果が出るなら最も低コストな方法で」って話をしたよね。父さんが時々作る「インチキ焼豚」は日常生活への応用例の一つ。ものの10分でできる料理だけど、食べると半日煮込んだ焼豚と遜色ない。だけど中華料理店でメニューにこのインチキ焼豚を加えても、売れない気がするね。どう見ても手間暇かかってないから。

また、ほとんどの仕事は複数の人たちが協力して進めるから、チームワークが大事だよね。上下左右の人間関係を円滑にできないと、うまくいかない。勉強はできるけど仕事がうまくいかない人の典型は、一見非合理的な客の満足を軽視したり、勉強ができるからとエラそうにして嫌われたりする人。

父さんは常々「勉強と筋トレは裏切らない」と考えてる。どちらもすべてが自分次第で結果を得る過程で他人の影響を全く受けない。勉強には素質が必要だし、筋トレもどんな体になれるかは体質が大きく影響するとはいえ、やればやっただけ成果が出る。ゴールに至る道筋がいくつかあるけれど、その方法はきちんと確立され、検証されている。自分なりのやり方はあるようで実際はない。

加えて学校の勉強は範囲が決まっていて満点がある。試験に出ない範囲を勉強する必要はないし、100点を取れたら60点しかできない他の科目の勉強に時間を使った方がいい。でも仕事の場合は範囲が決まってないし、大事なことは相手によって変わる。100点を取れたら120点、150点を目指さないと競争相手に負けちゃうし、点数を付けられない仕事も多い。

一般論で言えば点数が付けられる仕事の給料は安くて、部下に点数を付ける人がそれよりちょっと高くて、採点基準はよくわからないけど結果はしっかり持ってくる人の給料はもっと高い。そして最も給料の高い仕事は、点数の基準自体を作り上げる仕事だ。つまり新しいビジネスを興したり、チームワークが円滑になるような仕組みを作ったりする仕事のことね。

だから学校の勉強はもちろん大事だけど、部活や文化祭の活動を一生懸命やって、日ごろから友達と仲良くするのも、同じように大切なことなんだ。学校の仕組みに批判的な人もいるけど、極めてよくできたシステムだと、父さんは思うね。

第6講

父さんのしくじり――後悔と反省

01 借金で投資は絶対にしてはいけない

■「信用取引」という仕組み

父　これまで株式投資に関するいい話を中心にとりあげてきたんだけど、今回は悪い話をしていきたい。

だいぶ前の話だけど、知り合いが睡眠薬を大量に飲んで自ら命を絶った。残されていた遺書には投資の失敗で莫大な借金ができた。生命保険で返してほしいと記されてあったそうだ。

梅三　こわ！

父　投資に失敗して一文無しになるケースは少なくない。本当に悲しい話だよ。でもちょっと考えてほしい。普通に株式投資をやっていて借金ができるってのはあり得ないんだ。第1講で話したけれど、株式投資の最悪の結果は元手がゼロになることだ。

それ以上損することはない。

梅三 だったら何で借金ができちゃうの？

父 それは「信用取引」という仕組みがあるから。簡単に言うと、**証券会社が株を買うためのお金を貸してくれる**んだよ。

梅三 借金してまで株をやるなんて信じられない。

父 普通は誰でもそう考える。ところがちょっと株でうまくいき出すと「元手があればもっと金を増やせるのに」と考えるようになっちゃうんだよ。具体的にはこうだ。100万円の資金を元手に株式投資を始めて数カ月で10％増えた。まともな頭で考えれば「何もしないで10万円増えた、神様ありがとう」となる。ところがそれを自分の実力だと勘違いしてしまう。自分は数ある上場会社の中から絶対上がると思った銘柄を厳選し、ベストなタイミングで買った。もっと買ってたらもっと儲かったのにな、てな具合にね。

竹二 200万円買ってたら20万円儲かってたのに！

父 そう、それだ。そこでちょっと勉強すると信用取引という仕組みのことを知るに至る。すると手持ちのお金の3・3倍まで取引できると書いてある。ということは

図表22　信用取引で株価が2分の1になったら…

取引形態	株価が1／2になった場合の損失額	残る資産	残る負債
現物取引 ・自己資金100万円で100万円の株式を購入	100万×1／2＝50万円 **損失は50万円**	資産50万円	負債0円
信用取引 ・自己資金100万円で300万円の株式を購入	300万×1／2＝150万円 **損失は150万円**	資産0円	負債50万円＝これは**追証**

出所：著者作成

自分みたいな才能のある人間なら3倍儲かると考える。

梅三　俺もそう思っちゃうかも。

父　確かに買った株が上がれば3倍儲かるけど、損をしたときには3倍損する。例えば、自分のお金で株を買う、これは「信用取引」に対して「現物取引」と呼ぶけれど、現物取引の場合、自己資金が１００万円なら取引できる金額も１００万円だ。でも信用取引なら１００万円の自己資金で最大約３・３倍の約３３０万円までの取引ができる（図表22）。

竹二　１００万円の元手で３３０万円分の株を買うことができるってことね。

父　そうだ。その結果上がれば3倍儲かるけれど、問題は下がった時だ。仮に株価が半分になっちゃったとしよう。現物取引ならば損失は50万円で済むが、信用取引だと150万円の損になっちゃう。これは元手の100万円を超える損失だ。この分の50万円は借金になってしまう。

梅三　こわ！

父　そうなんだ。しかも信用取引独特の問題がある。現物取引の場合は株価が2分の1になっても、売らずにそのまま持っていれば50万円の損失は確定しない。反転して上がるのを待つこともできる。それがいいかどうかは別としてね。しかし信用取引の場合は、元手に対する損失が証券会社が定める基準を超えると、その分の現金をすぐに入れないといけない。これを追加証拠金、略して追証《おいしょう》と呼ぶ。

梅三　さっきの例だと、50万円を証券会社に払わないといけない、ってこと？

父　50万円満額ではないけど、それに近い金額を入れなきゃならない。それもすぐにだ。追証が払えれば、その株は持っていることができるから、現物株と同じように反転するまで待つこともできる。でもすぐに追証が払えないと、強制的に持っている株は売られてしまう。

竹二・梅三　えー！

父　そうすると、元手が全部パーになったうえに、借金も残るというわけだ。

竹二　恐ろしいねぇ。

■元手の1000倍の取引ができる金融商品も

父　まだあるよ。仮に手元に現金が用意できて、株を持っている株は反転すると考えて追証を払うとするじゃない。その時点ではいいんだけど、さらに株価が下がっていくと、また追証、追証、となる。するとさらに現金が必要になって、どっかで払えなくなる。

竹二　元手が大きければ大きいほど、借金の額も大きくなるってことだよね。

父　ご明察。かくして破綻に追い込まれる、というわけだ。だけど、短期的には株価の上下の確率は2分の1だからやっぱり勝つ人もいるんだよね。するとますます自信過剰になっていく。自分は銘柄選びの才能がある。信用取引したら3倍儲かった。もっと金があればもっと儲かるはずだと、どんどん自信過剰になっていく。そうやって探していくと、見つかるんだよね、もっと倍率の高い商品が。

梅三　まだあるの？

父　あるんだよ。例えば日経平均先物。仕組みが複雑だし絶対に薦めないからここでは詳しく説明しないけど、日経平均先物は元手の1000倍の取引ができる。

竹二　1000倍⁉

父　日経平均先物は10円単位で変動するんだけど、日経平均が10円動くと1万円損益が変わる商品を、だいたい[※1]100万円前後の元手で取引できる商品だ。日経平均が100円上がると10万円増える、かなり変動幅の大きい、つまりハイリスクな商品だ。

竹二　日経平均が1000円下がると、100万円マイナスで、元手がゼロになるってこと？

父　そう。信用取引の3倍では満足しない自信家はここにたどり着く。そしてほとんどの人は元手をゼロにして撤退する。何を隠そう、その一人が父さんだ。

梅三　マジで？　どれくらい損したの？

父　かなり損した。言えないくらい。

竹二　いつ頃のこと？

父　2009年から11年にかけてくらいかな。

竹二　そのお金でGAFAM買っとけば良かったのに。

父　全くその通りだよ。当時は本当に株式投資のことがわかっていなかった。でも一応言い訳をすると、テクニカル分析の実証をしてたんだよ。第3講でテクニカル分析を一通り検証したと話したけど、あれは日経平均先物を実際に運用して試してたんだ。いろんな条件設定ができるロボットを使ってね。なんかうまくいく方法があるはずだと期待してたけど、結局なかった。高い授業料だったわ。

竹二 コメントしづらいです。

父 コメントは不要です。

■大損はお金を失う以上のロスがある

父 その他個別の銘柄でもたくさん損した。それがさっきの日経平均先物に手を出すことにもつながるんだけど。つまり損を取り返そうと大きく張って、さらに損したという結果なんだけれど。例えばこんな感じ。

- ライブドア（06年）：飛ぶ鳥を落とす勢いだった堀江貴文氏の会社。ライブドアショックで紙くずに。
- アーバン・コーポレーション（08年）：不動産ブームの波に乗ろうと手を出した。倒産で紙くずに。

竹二　ホリエモンの会社も買ってたんだ。

父　それも事件[※2]の直前に買った。その他にも小さい失敗がたくさんあるんだけど、**すべてに共通する原因は、よく調べもせず評判だけで手を出した**こと。そのせいで大事なお金を減らした。一応決算書とかは目を通してはいたんだけれど、株価が上がってたから買いたい気持ちを正当化するために決算書を眺めていたにすぎなかったんだ、いま思えば。

大損は最悪だよ。お金が減る以上に、精神衛生上、最悪だ。毎日株価が気になって仕方がないから、四六時中ネットで株価情報見てるし、大損が始まると夜中に目が覚める。健康が損なわれて仕事にも悪影響を及ぼす。だから日経平均先物で懲りてからしばらく、11年から17年頃までかな、その間一切株式投資は休んでたんだ。

竹二　6年間か。結構長いね。

父　この間は株の情報は眺めるだけにした。あとは本も相当読んだね。そうしたらいろんなことがわかってきたんだよ。例えばテレビや新聞とかで専門家が話す株価分析の情報は、ほとんど当たらないことがわかった。さらに言えばデタラメ情報もたくさんあることに気づいた。

竹二　さすがに新聞やテレビでデタラメはないでしょう。

父　いや、デタラメと言い切れるような情報はかなり頻繁に発信されてると父さんは思うよ。例えば日経平均が下がった時に、株の専門家は「円高になったから株価が下がった」と発言して、為替の専門家は「株価が下がった影響で円高になった」とコメントしたりする。これじゃ因果関係がめちゃめちゃだ。

竹二　確かに。

父　要点はそれなんだけど、彼らの発言は専門用語や修飾語を多用してもっともらしく聞こえるんだ。だけど国語の読解問題の解き方で理解しようとすると、要点がさっぱりわからないこともある。その多くが「いまのところ株価は大きく動く可能性は少ないが、何かイベントがあれば大きく動く」と言っているにすぎない。これじゃ何も言ってないのと同じだ。

梅三　それでも父さんは毎朝経済番組見てるじゃん。

父　あの番組では事実だけを確認してるにすぎない。コメントは聞いてるだけ。ありがたいことに番組の途中途中で「投資は自己責任でお願いします」って教えてくれるし。というわけで6年間休んだおかげで、少なくとも本当に役に立つ情報とそうでない情報の見きわめがある程度できるようになったことは収穫かなと思うよ。昔は「専門家」の言うことを鵜呑みにしてたから。

まとめ

- 借金をして投資をしてはいけない。特に「信用取引」をはじめとした**証拠金取引には手を出してはならない**。破綻するようにできている。
- 株での大損は、お金を失う以上に精神衛生上最悪で、健康も損なう。
- よくわからないものに手を出してはならない。
- 専門家のコメントは鵜呑みにしないこと。あるいは専門家の意見の正否や適否が評価できるようになるまで勉強を重ねること。

※1 SPAN証拠金と呼ばれ、毎日変動する。
※2 2006年堀江貴文氏が率いるライブドア社が証券取引法違反の疑いで起訴された。それをきっかけに株式市場が大きく下げた。通称ライブドアショックと呼ばれる。

■株式投資は「タラ・レバ」の連続だ

父　さっきまでは実際に父さんが損した話をしてきたけど、今度は魚を逃した話をしたいと思う。

竹二　ニトリとかかつやみたいな話？

父　そんなところかな。先に断っておくと、株式投資は「タラ・レバ」、つまり「あれ買っといタラ……」、「これを持っていレバ今頃……」の連続だ。そもそも全てのチャンスに投資できるほど資金的余裕がある人なんていないしね。「タラ・レバ」の話をしても無意味だという意見もあるんだけど、これから長い投資家人生を歩む君らには、役に立つんじゃないかと思うんだ。

梅三　失敗から学べって野球の監督がいつも言ってる。

父　ま、そういうことだ。まず父さんが勤めていたアクセンチュアという会社の株の話からしよう。この前触れた通りアクセンチュアの株は2024年3月で370ドルくらいになってるけど、これは01年の上場から、20数年で約26倍になった。

竹二　すごい。その頃からずっと持ってるの？

父　いや、いま持っている分はこの前話した通りコロナ禍が始まってから、つまり20年に買ったもの。でも実はストックオプション[※1]をいくらか持っていた。当時の時価で総額400万円くらいだった。それをそっくりそのまま持ち続けていればいま頃9600万円になっていた計算になる。でも03年に会社を辞めるタイミングで全部売って現金にしちゃった。

梅三　えー、もったいない。

父　いま思えばね。だけど父さんはアクセンチュアをやめて自分で商売をやると決めたから、タネ銭が必要だった。この講座のテーマに沿った表現を使えば会社設立のための資本金が必要だった。だからストックオプションを現金化、つまり株を売って、そのお金を元手に商売を始めた。それからもうすぐ20年になるけど、そのタネ銭のおかげでいままで続いているビジネスを始められた。

梅三　9600万円よりは儲かったってこと？

父　そりゃ当たり前だ。だって20年で割り算してみなよ。年あたり480万円でしょ。それくらい稼げないんだったら商売なんてとっくにやめてる。

竹二　だったら全然後悔の話じゃないじゃん。

父　ポイントはそこじゃないんだ。父さんはあの会社の当時の戦略が実現するとは到底思えなかったんだけど、実際は当時の計画以上に成功したことなんだ。

竹二　どういうこと？

父　上場企業クラスの会社は、大規模な情報システムを持っている。この情報システムは工場の部品や完成したがった製品の数を管理したり、社員のデータを管理したり、売上やコストなどの会計データを管理している。

竹二　会社のウェブサイトとかもそう？

父　そう。大きな会社はありとあらゆる仕事に情報システムが使われている。そしてアクセンチュアはこういうシステムを開発する会社だ、というか、だった。

竹二　過去形なの？

父　いまももちろんやってるけど、それだけじゃなくなった。各企業の情報システムは、一般に「情報システム部」と呼ばれる組織が管理しているんだけど、2000年頃からアクセンチュアは、そうした情報システムを情報システム部の代わりに運用しますよ、何なら情報システム部という組織も運用代行しますよ、というビジネスに力を入れると宣言した。こういうやり方をアウトソーシングという。

梅三　よくわからない……。

父　当時父さんが持っていたイメージを例えて言うなら、君らの学校の教材を、教科書だけでなく小テストなどのプリントも全部代わりに用意しますよ、何なら先生もうちが派遣しますよ、というビジネス。その場合、君らの学校の先生は○○中学・高校に勤めているのではなく、所属はアウトソーシング会社だけど、派遣先が君らの学校、というふうになる。

梅三　そんな学校あるの？

父　いや、ないと思う。あくまでたとえ話。でも、20年前は情報システムを他の会社に管理してもらうことすら稀だったし、情報システム部という組織そのものを他社に任せるということは皆無だった。だから、父さんはそんなビジネスがうまくいくはずがないと思ってた。ところが、だ。

竹二 実際はうまくいった、ということ?

父 そう。大成功した。いまや世界中の大企業の情報システムを管理している。企業だけじゃなく、官公庁もたくさんやっている。そして情報システムのアウトソーシングで世界トップクラスの会社になった。その結果が20数年で株価26倍。こうなるとは全く予想がつかなかった。

竹二 学校の先生をアウトソーシングしちゃう、みたいな話だものね。

父 それくらい実現できなそうな話だと思った。だからあまり将来性はないかなと考えていたんだが、大間違いだった。さて、ここからが父さんの言いたいこと。

■頭脳とカネのある企業は未来を実現してしまう

父 それはね、「本当に頭のいい人何人かで考えたことに、十分な資金が投入されると、未来は実現してしまう」ということなんだ。アクセンチュアみたいな会社はもともと頭のいい人たちが集まってるんだけど、その中でも本部で戦略を練っているような人は世界でもトップクラスの頭脳を持っている。その人たちが企業における情報システムの今後のあり方を考えた。もちろんいくつかのシナリオがあったと思うんだけど、アウトソーシング事業を伸ばすと決めた。それをやるには大量の資金が必要だと見積もった。だから上場した。そして集めた資金を計画通りに使って、自分たちが描いた未来を作り上げていった。父さんはそう解釈してる。

梅三 なんか、カッコいい!

父 ああ、実にカッコいい。これまで取り上げた株価が伸びている会社は皆それをやっている。GAFAMも、ソフトバンクも、ユニクロも、ニトリもそうだ。世の中には頭のいい人はたくさんいる。お金がある人もたくさんいる。でも両方がないとダメなんだ。加えて実行力も必要だ。お金を集めるのは大変だし、集めたお金をちゃんと使うのも勇気がいる。結果が出るまではお金が減ってく一方だからね。

竹二 考えてるだけじゃダメだってことか。

父 そうなんだ。ソフトバンクの孫さんなんてさ「日本のインターネットを安くする」と言って、首都圏の各駅にアルバイトを何人も置いて、行き交う人に声をかけてモデムを配りまくった。人海戦術だからお金もかかるし非効率極まりない方法なんだけど、それでも目標の契約件数に達するまでそれをやり続けた。携帯電話事業に参入[※2]するためボーダフォンという会社を買収したんだけど、この時も反対意見が多かった。だけどちゃんと収益の出るビジネスにした。インターネット回線と携帯電話というインフラをしっかりビジネスにしたことで、ソフトバンクは巨大企業にのし上がったんだよ。

竹二　なるほど。

父　ニトリの創業者だって昔は死ぬことばかり考えてたって言うからね。

梅三　ホントに？

父[※3]　著書によればニトリの創業者・似鳥昭雄さんは若い頃に家具のディスカウントストアを立ち上げた。開店当初は飛ぶ鳥を落とす勢いだったのだが、近所に大型家具店ができたら急に売れなくなった。手元のお金がどんどん減って、金融機関もお金を貸してくれなくなって倒産は秒読み状況だった。そんな日々が続く中、アメリカの家具店を視察するセミナーの話があり、藁にもすがる気持ちで50人あまりの同業者などと視察に参加した。現地に行ってまず驚いたことは、洋服タンスや整理タンスなど日本でおなじみの箱物家具がない。アメリカの家ではクローゼットの中に組み込まれているからだ。アメリカの家具は部屋でしっかりとコーディネートされ、ダイニングやリビングも豪華で美しい。しかも日本の価格の3分の1。参加者は口々に「アメリカと日本は違う世界だね」と言ったが、似鳥さんは「同じ人間がやっているんだ。日本人も便利さや安さをいま以上に求めるはず」と考えた。帰国し、参加者の中で気のあった仲間と話し合った。「アメリカ風にまねしてみよう」。しかし実行に移したのは似鳥会長ただ一人だけだった。いまのニトリの始まり。

竹二 アメリカ風のコーディネートがなかった時代に、その未来を考えて、それを実現したのがニトリってわけだね。すごいなぁ。

父 アクセンチュアもニトリも、当時は全く理解できなかった。他にもそういう会社は星の数ほどあるんだけど、もう一つだけ例を出すと、グーグル。これも当時は何がすごいのかわからなかった。俺のGメールアドレスは村上さんから招待してもらってゲットしたものなんだ。

梅三 村上さんって？

父 村上憲郎さん。グーグル日本法人の社長だった人。

梅三 そんな人知り合いなの？

父 うん、たまたま。アクセンチュアで働いてた頃、村上さんが社長をしていた別の会社と一緒にプロジェクトをやっていたことがある。村上さんはその会社を辞めてグーグルの日本法人の社長になった。何かの用事で連絡を取っていた時に、新しくメールのサービスを始めるからよかったらどうぞ、ということで招待してもらった。当時のGメールはまだβ版で中の人からの招待がないとアカウント作れなかったんだよ。いまは誰でもアカウント持ってることを考えると隔世の感があるね。

竹二 友達も皆Gメールアドレス使ってるよ。

父 当時グーグルは本当にまだ駆け出し企業だった。検索サービスがメインだったんだけれど、検索がすごいことがどう儲かるのかが全然イメージがつかめなかった。知り合いも何人か転職していったんだけど、何するんだろうって思ってた。ところが20年経ってみると、君たちも知っている状況になった。

竹二 上場したのはいつだっけ?

父 04年。上場のニュースは知ってたけど株は買わなかった。全くもって、自分の先見の明のなさには嫌気がさすよ。

竹二 ドンマイ!

父 だけども、でも、言い訳をさせてもらうと、この会社のすごいところは、検索やその他個人向けのサービスを無料にして利用者を増やして広告収入を増やした。その利益と投資家から集めたお金で、新しいサービスを開発したり、買収したりして、創業当時には想像すらしなかったビジネスを行う会社になった。たぶんいまの形になっていることは、創業者ですら想像していなかったと思う。だから投資家は「こいつらは何かやってくれそうだ」という期待をもとに株を買ってたとしか思えないんだ。同じように期待されている会社が他にもたくさんあったけど、グーグルは生き残って大成功した、というあくまで結果論だと思う。

■悲観的な考えは投資に役に立たない

父　これまでいろいろと失敗の話をしてきたけども、失敗の理由は株式投資の意味をきちんと理解していなかったことが原因だった。企業の成長とはどういうものか、株式とは、時価総額とはどういうものかが理解できていなかった。だってアクセンチュアに勤めてた当時は、日本法人の売上すら知らなかったくらいだから。いまは理解できるようになった。

竹二　父さんでもそうなんだ。

父　恥ずかしながらね。あともう一つ失敗の理由として付け加えたいのは、父さんが世の中に対して悲観的だったから。

梅三 全然そんなふうに見えないけど。

父 少なくともいまはね。だけど、投資で失敗していた時期は悲観的だった。理由は勉強しすぎたから。

竹二 どういうこと⁉

父 勉強ってのは、既に事実として確定したことを頭に入れることだよね。日本経済はバブル以降低迷して、平均所得は一向に上がらない。高齢化はますます進んで社会負担は増すばかり。だから日本経済の先行きの見通しは暗い。

竹二 俺もそう習った。

父 それを何とかしようとアベノミクスが始まった。これが始まってから株価も上がったし雇用も増えた。しかし国の財政赤字は増える一方で、日銀が上場企業の大株主になるなど、新しい問題も発生した。これらの情報に基づいて論理的に考えると、やっぱりあんまり明るい未来はない。

梅三 やっぱ暗いんだ。

父 ところが日本の企業業績はゆっくりとだが良くなって、日本の上場企業の利益は年々増えている。任天堂は次々に新しい製品を成功させ、ソニーも復活した。過去10年近くの状況を見ると、テレビや新聞が暗い話題ばかり報道していても、ちゃんとした企業は成長するということ。一方父さんは世の中に対する見方が悲観的で、その考えを正当化するために暗い話題ばかり目が行って、明るい話題に対して懐疑的だった。8年くらい前かな、この考え方が間違ってるというのに気づいたのは。

竹二　何でそう思ったの？

父　スマホやウェブに配信されるニュースが同じ話ばかりで、ダイエットやアンチエイジングの広告ばっかり表示されているのに気づいたとき。世の中こんなに話題があるのに、おかしいよね。考えてみたらスマホやウェブのニュースは「自分が読みたいと思っているニュース」だけを峻別して配信してるんだなと。

竹二　確かに俺のスマホにはアンチエイジングの広告は来ない。

梅三　俺も。

父　そして悲観的なモノゴトの見方が無意味だと確信したのは、『FACTFULNESS』[※4]って本を読んでから。世の中はこれまでよりもあらゆる面でずっと良くなっているという事実をこの本は教えてくれた。それと同じ視点で企業や株式市場を見つめ直したら、それらは事業と投資の活動を通じて世の中をより良くしようとしている人たちの集まりであると捉えられるようになった。そうであれば上場企業は総じてみれば成長する可能性が高いと考えることができる。

竹二　そうすれば株価は上がると。

父　そうなんだ。だけど個別の企業が本当に成長するかどうかはわからない。自分の経験や周りの事業家を見てて実感するのは、どんな新規事業も成功するかどうかは事前には全く予測できないということ。だってさ、失敗しようと思って始める人はいないでしょ?

竹二　確かに。

父　皆うまくいくと思って何かを始めるんだよ。周りの人を説得して、お金を集めたり予算を取ったりして、お客に一生懸命提案する。それでもうまくいくのは千に三つ。だから最後は確率論、平たく言えば「運」なんだ。

竹二　前回の銘柄選びは適当が一番というのにも通じるね。

父　そう。この話はそれを別の角度から説明しているにすぎない。その運の要素は20銘柄買えば平準化されるのだとも解釈できる。仮に個別の銘柄を買うとしても「分析の結果こうだ」というロジックを持つべきだとは思うんだけど、最終的に買う時は「期待」するしかないんだよね。だから投資家になるなら、楽観的な態度で物事を見る習慣をつけないとうまく行かないと思うよ。過去の父さんみたいにね。

まとめ

- 良くも悪くも、自分の見通しが外れた場合には素直に認めること。
- 大言壮語に聞こえる目標であっても、頭脳と資金を持つ会社は新しい未来を自ら構築してしまうことがある。また、いまの大企業は過去にそれを実現している。
- 悲観的な視点を持つと株式投資ではチャンスを逃す。
- 結局のところどんな会社に投資すべきかは予見できない。成功と失敗はあくまで結果論にすぎない。個別銘柄を買うとすれば、その理由は「分析に基づく論理的帰結」ではなく、「期待」でしかありえない。

※1　株式会社の従業員や取締役が、自社株をあらかじめ定められた価格で取得できる権利のこと。
※2　それでも投資に踏み切ったのは、孫さんは昔から「豆腐屋をやりたい」と宣言していたから。つまり「一（丁）兆、二兆」と数えられるほど、大きなビジネスをやるということ。
※3　『運は創るもの――私の履歴書』（似鳥昭雄著、日本経済新聞出版）
※4　『FACTFULNESS（ファクトフルネス）10の思い込みを乗り越え、データを基に世界を正しく見る習慣』（ハンス・ロスリング、オーラ・ロスリング、アンナ・ロスリング・ロンランド著、上杉周作・関美和訳、日経BP）

COLUMN

起業するか、会社で出世するか

社会の原動力は常に事業家である。過去ずっとそうだったし、これからも間違いなくそうであり続ける。これは断言できる。古くは遣唐使の派遣、コロンブスの航海、スエズ運河の開発など歴史の教科書に載っている出来事はビジネスの言葉にすれば全てが「新事業」であり、着手して結果を出したのは「事業家」だったんだよね。

事業家の仕事は、次のように整理できる。

- 社会的に解決したい問題がある
- 解決のための筋道と出来上がりの姿を描く
- 解決のために必要なお金を集めて、必要なヒトを雇い、モノを調達する
- 問題解決の成果を社会に還元するだけでなく、投資家にも還元する

こう言われてもピンとこないかもしれないね。その一番の理由は野球選手やミュージシャンみたいに活動内容が具体的に見えないからだと思う。でもそれは「社会的に

解決したい問題」が様々だから仕方がない。社会的問題のインパクトも大小様々ある。大きな問題を解決した人はメディアに取り上げられたり、巨大なものであれば歴史の教科書に載ったりする。

「事業家って要するに社長のことでしょ」って言うかもしれないね。半分は当たってる。残りの半分が間違っている理由は、組織に属している事業家はたくさんいるし、組織に属さないとできないことに取り組んでいる事業家もたくさんいるからだ。大きなことは大きな組織に属していないと実現できない。いまの世の中は資本主義だから、お金をたくさん使わないと多くの人に役に立つような事業はできないんだ。

この表現に嫌悪感を持つ人がいるかもしれないね。じゃあスーパーに売っているプリンを思い浮かべてみよう。あのプリンを100円で売るためには、たくさんのお金が要る。プリンを大量生産する機械はものすごく高い。メーカーにお願いして独自に作ってもらわなきゃならない。容器だって、きれいにデザインされたラベルだって、10個とか100個とかの単位で仕入れてたら、それこそ容器代だけで1個100円になっちゃう。材料だって卵がたくさんいるから養鶏農家に安定的に供給してくれるようお願いしなきゃならない。頼まれた養鶏農場もお金を使って設備を作んなきゃならない。卵を仕入れる量が急に増えたり減ったりしたら、養鶏農場に迷惑かけちゃうよね。だから事前に計画を立ててその通りに卵を買わなきゃいけないし、そのためには当然計画的に量を売らないといけない。いま話した一連の過程を毎日きちんと実行するためには、大金が必要だ。お金をたくさん使えば多くの人の役に立つような事業ができる、っていう意味が分かってもらえたかな?

その一方で街のケーキ屋さんみたいなビジネスもある。スーパーのプリンと比べたら作る量が少ないから値段はどうしても高くなっちゃうけど、買ってくれる人がいる限りはビジネスは成り立つ。あんまり儲からないかもしれないけれど、自分の手で作ったプリンを、顔の見えるお客さんに売る仕事からは充実感を得られるよね。

量産プリン工場も街のケーキ屋も、どちらも社会的な問題を解決してる。街のケーキ屋は個人で始められるけど、工場を造るのは個人ではできない。食品メーカーで経験を積んで、上司からも部下からも取引先からも「この人ならやってくれそうだ」と信用してもらって初めて工場長になる。この工場長はまさに事業家だよね。

「起業か出世か」という問いに答えるならば、やりたいことがあるかどうか次第ということになる。やりたいことが見つかった時、その規模の大小によってどちらかを天秤にかければいいと思う。起業すれば大儲けできる可能性もあるけど、一文無しもありうる。だから得られる給料の期待値を試算したら、社内事業家の方がむしろ多いかもしれない。だって使えるお金と利益は比例するのが資本主義だから。

最後に一つだけ。最悪なのは、ただ「社長になりたい」「出世したい」という人ね。具体的な事業があって、それをどうしたいかという明確な目標がない人は起業しても出世してもたいてい失敗する。だからまずは大きくても小さくてもいいから、解決したい社会的な問題を見つけて、それに取り組んでみることだよ。そうすればお金も人も後からついてくるよ。

第7講

いざ、実践。

01 ドルコスト平均法でインデックスファンドを買うべし

■投資初心者の最初のステップ

父　さて、今回は入門編の最終講義だ。ニトリの創業者の話の通り、実際に行動を起こさないと何も起こらない。そして行動を起こせば次々と新しい学びが得られて最初の一歩を踏み出したときには見えなかった世界に行ける可能性があるのは、グーグルの成長の話でした通りだ。

梅三　やっとかー。長かったわ。

竹二　どの株買おうかと迷ってる。

父　最初に断っておくけど、最終講義の内容はある意味つまらない内容になると思う。結論を先に言うと、個別銘柄、つまり特定の会社の株式を買うことは勧めない、ってか許可しない。

竹二　えー、何で⁉

父　これまで個別株の魅力を伝えてきた。GAFAM、ニトリやセリア、現在から過去を見れば、上がった株はたくさんあった。父さんの保有銘柄も公開した。最近はおおむねパフォーマンスがいい。その理由の半分は運、残りの半分はここ最近の株式相場が活況だったからだ。

竹二　じゃあ、実力関係ないじゃん。

父　実はそうなんだ。さすがにゼロとは認めたくないけれど、どれだけひいき目に見積もっても、父さんの銘柄選びが結果に与える影響は数パーセント以下だと思う。その数パーセントの範囲で、ちゃんと手触り感を持って理解している銘柄だけを買っている。昔はとにかく手痛い失敗をした。「専門家」の予測を鵜呑みにしたり、株で儲かってる友達の話に影響されたり、チャート分析で非論理的な判断をして大損こいた。さらに相場、つまり値段が上がったり下がったりすることのプレッシャーに負けて、高値買いの底値売り、暴落時の狼狽売りなどを何度も経験して、相場との付き合い方にも慣れてきた。

さらに言えば株式投資の経験だけでなく、それ以上にビジネスの経験を積んだ。会社勤めをやって、自分で会社をゼロから立ち上げてこれまで生き残ってきた。自分の会社を売ったこともあるし、未公開のベンチャー企業に投資もしている。自分の会社にも他人から投資してもらっている。そういう経験をベースに投資する銘柄を選んでいる。

会社勤めをしながら株式投資を長期間続けられている人は、社会と経済、そして企業活動について、それぞれ自分の仕事を通じて見る目を養ってきている。だからいままで勉強と部活しかやってきていない中高生が銘柄を選ぶのははっきり言って無理だ。

竹二 そこまで畳みかけられるとなぁ……。

梅三 父さんのおすすめを買うのはどうなの?

おすすめの銘柄
教えてよ〜
教えてよ〜
ねえ
ねえ
そういうのは
投資家失格

父　たとえ親であっても他人から薦められた銘柄を買うのは投資家失格だ。株式投資は自己責任。それに竹二と梅三に薦めるんだったら父さんが自分で買う。儲かったらラーメンぐらいはご馳走してあげるよ。大盛もOK。

竹二　それだったら最初の話と矛盾してるよ。行動起こせって言ったじゃない。

父　まあそう早まるなって。父さんがダメだって言ったのは個別銘柄への投資。最初はインデックスファンドの投資から始める。インデックスファンドについては第4講で説明したよね。

竹二　日経平均とか、S&P500とかのことだね。

父　そう。ここには実弾を投入する。次がこれからのステップだ。

【インデックスファンド購入のステップ】

1. 手数料ができるだけ低いオンライン証券会社で口座を開設する
2. 購入手数料がゼロで信託報酬が安いインデックスファンドを選ぶ
3. 毎月決まった日に同じ額を定期的に買う
4. そのタイミングで市場の動きについての情報を頭に入れる

5．これをまずは1年間続ける

父　これから一つひとつ説明していくよ。

1．手数料ができるだけ低いオンライン証券会社で口座を開設する

株式投資を始めるなら、まず証券会社で口座を開設しなければならない。選択肢は「大手オンライン証券会社」と検索して表示される会社ならどこでも構わない。取扱商品はほとんど同じだし、最近では取引手数料がゼロ円に設定されている。なお、18歳未満は「特定口座」を開設する。口座開設に必要な手続きは各社のサイトを確認すること。

2．購入手数料がゼロで信託報酬が安いインデックスファンドを選ぶ

証券口座を開設すると、証券会社のトップページに様々な商品が一覧で表示される。例として筆者が利用しているSBI証券（https://www.sbisec.co.jp/ETGate/）でインデックスファンドを買う方法は「投信」のメニューから「銘柄検索・取扱一覧」のページにいき、左側メニューの「ファンドを絞り込む」という欄から、以下の条件に該当する商品を探す。

- ファンド分類：国内株式、国際株式
- 信託報酬：0・55％以下（最低水準）
- 特色：インデックス

この条件で検索を行うと、200件前後（2024年3月時点）の投資信託がリストアップされる。その中から日経225、S&P500に連動するファンドを選ぶ。選び方は、前述のパワーサーチ条件を選択状態にしたままで、検索バーに「日経225」などと入力する。まず「日経225」のキーワード条件では16件出てくる。結果の表示されたページのタブから「手数料等費用」を選択し、リストの項目名「信託報酬」で並び替え、最も信託報酬の安い銘柄を選ぶ。

3．毎月決まった日に同じ額を定期的に買う

予算を決めよう。金額は多すぎても少なすぎてもいけない。君らの金銭感覚を考えると月1000円くらいがちょうどいいと思う。100円だと金額が小さすぎるし、

5万円や10万円だとちょっと多すぎる。毎月末の金融機関の最終営業日に二つのファンドそれぞれを1000円ずつ買うことにしよう。やり方は簡単だ。銀行口座から証券口座に2000円分移す。これは何カ月分かまとめて移しておいてもいい。そして各投資信託のリンクをクリックし、「金額買付」を選択し、条件を選択して購入ボタンを押せば買える。

日経225とS&P500の投資信託に対してこれを設定する。

4. 購入時に市場の動きについての情報を頭に入れる

投資信託を買うタイミングで、日本とアメリカの株式相場ニュースを一通りチェックする。基準価額が必ず前月より上がったり下がったりしている。それについてどんなニュースが語られているのかを斜め読みする。

なお相場のニュースは毎日チェックする必要はない。1カ月に一回で十分だ。その代わり最低でも1時間はかけること。わからない言葉や考え方が出てきたときには、自分で調べたり、父さんに聞いたりしてほしい。

ちなみに投資信託は毎月決まった日に自動的に買うように設定することもできる。

しかしいまはこれをお勧めしない。これは毎月一回必ず株式相場について勉強する時間を持ってもらいたいからだ。

5．これをまずは1年間続ける

これを1年間続けている間に、いろんなことが起こるだろう。お金が増えていればあれが欲しい、これも買いたいと、投資信託を売って現金を引き出したい欲望にかられる。一方、買った投資信託の値段が下がっていれば、これ以上損したくないという恐怖に押しつぶされて一刻も早く売ってしまいたくなる。この欲望と恐怖に1年間じっくり付き合って、耐えてほしい。株式投資において必要な努力とは、忍耐のことである。

父　ここまでが、実行の第一ステップだ。何か質問ある？

梅三　新NISAっていうのが話題になってたよね？

父　NISAっていうのは特定の金額までは非課税で投資ができる制度のことね。以前の制度だと、一般NISAは非課税期間が5年間という縛りがあって、枠も一般

NISA年間120万円、つみたてNISAの年間40万円のどちらかを選ばないといけない、という制限があったけど、24年から始まった新NISAではつみたて枠が120万円、成長投資枠が240万円の合計360万円まで非課税で投資できるようになって、期限も無制限になった。

梅三 それは僕らは使えないの？

父 23年までは18歳未満が使えるジュニアNISAという制度があったけど、24年から残念ながら廃止になってしまった。ただ、竹二は来年18歳でしょ？ 誕生日を迎えたら持てるようになるよ。他に質問は？

竹二 だいたいわかった。あとはやってみないとわからない。

梅三 お金はどうするの？

父 お前らがずっとお年玉を貯めてた分があるだろ？ それを投入する。

梅三 えー、そう来たか！

父 ああ、本気だ。母さんに聞いたら結構貯まってるって聞いたぞ。銀行に預けといたって全く増えないよ。

梅三 でもゼロになっちゃうかもしれないし……。

父　大丈夫。短期的には減ることもあるだろうけど、長期的には増える可能性の方が高い。日本でもアメリカでも上場企業の人たちは皆ビジネスを拡大しようと頑張ってる。それを信じるんだ。

竹二　俺は逆にもっと買いたいな。とりあえず貯金のうちすぐに使わないお金全部買ってもいい？

父　一度に買うのはよろしくない。いまがいいタイミングかわからないから。

竹二　じゃ、タイミングを見計らって買えばいいのかな。

父　残念ながらタイミングを見計らうことができる人は世の中に存在しない。それができると思っている人がいるとしたら、たまたまラッキーが重なっただけだ。ドルコスト平均法[※1]でコツコツやるのが最も結果がいいとデータで証明されている。

竹二　だったらさ、毎月買う金額をもうちょっと増やすのはダメ？

父　それはまだ早い。一度に大金を投入すると、たぶん気になって毎日チェックするようになる。それは悪いことではないけど、暴落したときに、というか必ず暴落は定期的にあるのだけれど、その時にたぶん正気を保てなくなる。学校の昼休み中もスマホを手放せず、夜も寝られなくなる。たぶん経験ないからわからないと思うけど、まずは少額から始めてマーケットの動きから自分の心が受ける影響に慣れた方がいい。

竹二 損するとそんなに怖いの？

父 ああ、怖い。半端ない恐怖感だ。自分の金が減る恐怖に耐える経験、そしてそんな中でも勇気をもって「購入」ボタンをクリックして感覚を体験してほしい。それに慣れてきたら次のステップに進もう。そのチェックポイントをまずは1年間に設定しよう、そういうことだ。

梅三 なんか怖いなぁ。

父 もう一つ、個別株に投資する練習メニューも用意した。これは本当のお金を使わないシミュレーションだ。次項で説明しよう。

まとめ

■ 初心者は特定の銘柄ではなく、インデックスファンドを買うことを強く勧める。理由は個別銘柄を選ぶ能力は現時点ではなく、かつインデックスファンドのリターンが平均的には最も優れているから。

■ 手数料ゼロ、最低レベルの信託報酬の商品を選び、複利効果を最大限享受すること。

■ 特定のタイミングではなく、ドルコスト平均法に従って毎月一定額を買うことを強く勧める。

■ 少額で始めながら定期的に株式市場の情報に触れることで、株式投資にまつわる様々なプレッシャーとの付き合い方を徐々に覚えていくこと。

※1 株式や投資信託を定期的に一定金額ずつ買い付ける方法。株価が安いときは多く、株価が高いときは少ない株数を購入することになり、結果として1株当たりの購入価格は平均化され、価格変動リスクを低減させる効果がある。

02 個別銘柄にバーチャルで投資する

■練習メニューとしての株式投資シミュレーション

【株式投資のシミュレーション】

1．投資する銘柄を選ぶ。なぜ買うのかをそれぞれ明確にする。総予算は100万円。

2．証券口座の「ポートフォリオ」機能を使って、買う銘柄と金額を入力する。

3．月に一回、ホールド／買い増す／売るか決める。毎回理由を明確にする。

4．1年間続けて、インデックスファンドとの乖離《かいり》を比較する。

1．投資する銘柄を選ぶ。なぜ買うのかをそれぞれ明確にする。総予算は100万円。

これまでの講座で取り上げた銘柄、自分の好きな商品やサービスを売っている会社、ニュースで話題になった会社をいくつかピックアップし、どのような会社なのかをまず理解する。そのために以下から情報を仕入れる。

- 最新年度の投資家向け報告書（会社のウェブサイトにある「IR情報」にある）
- 証券会社の銘柄情報のメニューにある内容すべて。中でも特に「株価」「評価レポート」「四季報」の三つを頭に入れること。

これらの内容が理解でき、利益がこれからも増えると考える会社を絞り込み、リストにする。例えばSBI証券では「ポートフォリオ」という機能が用意されている。ここにグループ名をつけて保存することができる。

2. 証券口座の「ポートフォリオ」機能を使って、買う銘柄と金額を入力する。

SBI証券のポートフォリオ機能では、銘柄を備忘録的に保存できるだけでなく、購入日、購入金額を入力しておくと、その時々の時価と比較した損益が自動的に表示される。ここに買うと決めた日の株価を入力する。総予算は100万円とする。

3．月に一回、ホールド／買い増す／売るか決める。毎回理由を明確にする。

インデックス投資信託を買い増すのと同じタイミングで、自分のポートフォリオをチェックし、それぞれの銘柄について買い増すのか、売るのか、そのまま持っておく（ホールド）かを決める。いずれの行動をとるにあたっても、必ず自分なりに理由を明確にすること。加えてその時々の気持ちもメモとして残しておくこと。

4．1年間続けて、インデックスファンドとの乖離を比較する。

インデックス投資と同様1年間継続する。毎月のレビューと決断を継続的に続けることができた段階で、実弾で普通株取引をするかどうか評価する。

竹二　なるほど、これは面白そうだね。

梅三　これならゲーム的にできそう。

父　そう、ゲームだ。株式投資をしているように見えて、実際はしていない。でもバッティングセンターで練習しないと試合では何の役にも立たないことは確かだよね。フォームを固めるでもいいし、実践を想定して狙い打ちするのもよし、いろんな練習方法を調べて実践してほしいね。

梅三　銘柄も自分で選べってことだよね。

父　その通り。「この会社は成長する」と思った会社なら何でもいい。ぜひ自分の分析と感性で選んでもらいたいよ。インデックスファンドをドルコスト平均法で長期投資するのが平均的には最もパフォーマンスが高いことは明らかだ。だからと言って個別株へのチャレンジをあきらめる必要はない。

そのためにシミュレーションをしながら定期的に株の情報にアクセスする習慣を作りながら、自分のやり方を見つけてもらいたい。株式投資に触れ始めると、モノの見方が変わってくるよ。近所や学校の近くで通り過ぎる店、通学電車の車窓から目に入る看板、友達が持っているモノ、それがどこの会社の製品か、気になりだす。ニュースを見て個別の銘柄も気になってくるだろう。そうしたらとにかく調べて予測してほしい。これから株式投資生活は一生続くよ。楽しんで第一歩を踏み出そう。

まとめ

■ 個別銘柄投資の魅力を現時点であきらめる必要はない。リアルなお金をインデックスファンドに投資しながら、投資シミュレーションを行うことを勧める。

■ 銘柄は、少なくとも何をしているかを知っている会社を対象に、投資家向け報告書、アナリスト評価レポート、四季報などの情報を理解したうえで選定すること。

03
お金を儲けてどうするのか

■お金を生むものにお金を使うのが本当の事業家

父　この方法を続けていって、さらに仕事をするようになって経済活動の現場に触れて、これから成長する会社を見つけて上手に投資していけば、**ある程度お金持ちになることは間違いない。**

梅三　間違いない⁉

父　ああ、間違いない。そこで最後にお金を儲けてどうするかを伝えておきたい。前回話したアクセンチュア、ソフトバンク、グーグルの特徴は何だった？

竹二　未来を自分たちで作った、ってこと？

父　その通り。能力もお金もあればやりたいことが実際にやれるようになる。彼らはお金持ちになる過程で多少は見栄にお金を使ったかもしれない。車、家だけじゃな

く、宝飾品、クルーザーなどお金持ち向けの商品はいくらでもあるからね。だけど本当の事業家はお金を生むものにお金を使うんだ。お金を生むものとは、突き詰めれば社会的な問題を解決する商品やサービスだ。人々の不満を解消し、利便性を向上させる技術に投資するんだよ。

梅三　前澤さんがお金配ったり月に行こうとするのもそういうことなのかな。

父　父さんはそういうことだと解釈している。ただの売名行為だ、金持ちの道楽だと捉える人は多いと思うけど、父さんがこれまで話してきたことを踏まえて彼の頭の中を想像すれば違った見方もできるはずだ。特に若い人たちが経済的に割を食っている現状を憂慮して、お金があれば才能を開花できる人がいるはずだと考えてお金を配る。個人的に月に行きたいのかもしれないけど、月に行くための技術開発にお金がいるからそれに貢献したいと考えてるんだと、父さんは思うよ。

竹二　でも月に行ってどうするんだろうね。

父　それは行ってから考えればいいんじゃないの。民間人で行ったことある人誰もいないんだから。月に行くための技術開発も同じで、そんな技術開発してどうするって意見もなくはないけど、それは行ってから考えればいいんだと思う。事業ってのはそういうものだ。検索エンジンができてから新しいものを生み出したグーグルと同じでね。

梅三 前澤さんにお金貰った人は遊んで使っちゃうかもしれないよね。

父 それはそれでしょうがない。最終的には確率の問題だからね。使い方を管理して報告出させるようなやり方では新しいものは生まれない。多分これは想像だけど、あそこまで行くと金は天下の回りものだから社会に返そうと純粋に思ってるんじゃないかな。

■投資とは人類の可能性に賭けるということ

竹二 でも前澤さんみたいな活動見ると、結局お金って何なのって思っちゃう。

父 富とは何か。現時点での父さんの仮説は、過去に掘り出した天然資源の蓄積だと考えてる。産業革命までは人口は緩やかにしか増えなかった。それは薪炭や水力くらいしかなくてエネルギー代謝がゼロサムだったから。化石燃料をエネルギーに変えることからすべてが始まった。

産業革命以前の世界は、温暖な時期はいいけど、天候不順で飢饉が起こり、社会不

富とは、過去に掘り出した天然資源の蓄積！
カッコいい〜！
OIL

安が発生して政権が交代するというサイクルの繰り返しだった。だけど現代では便利なものには必ず化石燃料が使われている。科学技術を基にした問題解決は、要するに化石燃料の利用のことだ。ビットコインにもし裏付けとなる価値があるとすれば、マイニング過程で消費された電力[※1]だ。

竹二 じゃ、CO_2排出をなくすと、富が生まれなくなるんじゃない？

父 いままで通りの発想の延長線上で言えばそうなるね。いまある世界の富は、化石燃料がいくつかの過程を経て変換され、蓄積されたものだと考えると、富の反対側には二酸化炭素の蓄積がある。光合成で吸収できるレベルは既に超えて、19年には二酸化炭素の排出量が環境容量の閾値を超えた。地球温暖化は待ったなしという認識が世界中で共有されて、次はSDGs[※2]だ、グリーンエコノミーだと多くの人が言っている。しかし父さんの「富＝天然資源仮説」が正しければ、経済的には成長しないことになる。

竹二　そうしたら株は上がらなくなっちゃう。

父　株どころか、日々の生計を立てるためのお金も稼げなくなっちゃう。だけどいままでの科学の常識を覆すような解決策を生み出す事業家が必ず現れると思う。その過程ではまがい物も含めていろんな事業が生まれるはずだけど、その事業で使われる技術はホンモノか、その事業は成り立つか。いまの時代に生きる君たちは、それを見きわめるために勉強をしている、くらいに考えてほしい。数学、物理、化学、歴史の知識はそのためのもの。英語は世界中で行われている先端的な取り組みを理解するためのツール。

会社に入って毎月給料をもらうのも立派だけど、できれば作る側、発信側になってもらいたい。学校の勉強と併せて、今回の講座をきっかけに株式投資の勉強もしてほしい。世の中の仕組みがわかるし、経験を積めば何がうまくいって、何が上手くいかないかが予測できるようになる。就職先を選ぶ時も、人気企業ランキングに踊らされることもない。

いまから株式投資をしておけば、自分がその年齢になった時にどんな企業に就職すればいいか、自分で考える力が付く。就職してからも株式投資は続けてほしい。お金ができたら自分でビジネスを始めるのもいい。株の仕組みがわかっていれば適切なお金の集め方がわかる。加えて上手にやればお金も増える。株式投資はいいことずくめだ。

梅三　何か楽しみになってきた。

父　最後に一つだけ強調しておきたい。株式投資は明日、1カ月後、来年という短期でお金を稼ぐには向かない。最初から何度も言うように、株価の本質は企業の利益だ。企業が利益を増やすのはとにかく時間がかかる。例えばニトリ。新商品開発には何カ月もかかるし、せっかく作っても売れるものはほんの一握り。店舗を出すためには店長の育成が必要。それでもコツコツやってここまで成長した。来月急に売上が倍にはなり得ないように、しっかりした会社の株価も1カ月で倍になったりはしないんだ。野球も1日ちょっとずつだし、英単語もせいぜい週に100個しか覚えられないのと同じ。ただし勉強やスポーツと違って、利益は自分の努力以外のところで生まれる。企業の利益も複利効果もそうだ。

俺たちができることはただ一つ、「**我慢して待つ**」。これだけだ。繰り返しになるけど、**投資のリターンは我慢に対する報酬**である。これを肝に銘じてほしい。以上です。

まとめ

- **株式投資とは人類の可能性に賭けること**。人間が皆良い未来を実現しようと努力し続ける限り、企業の資産価値は増加し、結果として株価は上昇する。
- 株式投資を始めると、世の中を見る視野が広くなり、近い将来の就職活動にも必ず役立つ。
- 株式投資は本質的に長期的にしかリターンを生み出せない。投資のリターンは我慢に対する報酬である。

※1　ビットコインのネットワークの維持には膨大な電力が消費されている。推定消費量をケンブリッジ大学がリアルタイムで公表している。
https://cbeci.org/

※2　持続可能な開発目標（Sustainable Development Goals）。15年の国連サミットで採択されたアジェンダに記載された16～２０３０年までの国際目標。「貧困をなくす」「気候変動への対策」など17のテーマと１６９のターゲットからなる。

おわりに

——過去を分かっているという錯覚が、未来を予測できるという過剰な自信を生む。

ダニエル・カーネマン

本書の結論を読んで、「なんだ、結局インデックスファンドへのドルコスト平均法での長期投資か」と拍子抜けした読者もいらっしゃると思います。ビジネスコンサルタントならではの銘柄選びだけでなくお薦めの銘柄、チャート分析の方法や、デイトレ必勝法、空売りタイミングの見きわめ方、ひいてはヘッジファンドの活用方法を期待している方に役に立つ情報は、一文字も書かれていません。ではなぜこの方法を薦めるのか。それは、本書の内容の繰り返しになりますが、この方法が最もパフォーマンスが高いことが、あらゆる調査で明らかになっているからです。

だったらその結論だけ子供に教えればいい。それなら1ページどころか、1行で済むじゃないか！　その意見はごもっともです。

私は株式投資に関する情報や知識には次の三つがあると考えています。

- 実際に株式投資で利益を得るのに役に立つもの
- 長い目で見た時に損失につながるもの
- 株式投資に興味がある人たちの間で会話をするときに必要なもの

それぞれについての答えは、もうおわかりでしょう。はっきり申し上げて本書の主な主張は1ページで整理できます。しかしこれだけのページ数を割いて（実際には話す時間を割いて）説明したのは、結論だけを理解してもその通りの行動を取れないことが多いからです。少なくとも私はそうです。この結論は20年以上前から知っていました。しかしそれに従った行動が取れるようになるまで10年以上かかりました。

幾分自信過剰な私は、自分なりのやり方を見つけることに重きを置き、実際それが可能であると信じていました。その結果たくさんの失敗を犯しましたが、その失敗はセオリー通りのものでした。ずいぶん高い授業料を払いましたが、金銭的にも時間的にも、全くの無駄でした。だって多くの先人たちが既に教えてくれていたものでしたから。ですから本書では、自分の子供たちだけでなく、できるだけ多くの読者の皆さんに「腹落ち」してもらえるよう、そして余計な授業料を払わなくて済むように、結論に至る道筋を、いろんな観点からエピソードを交えて説明しました。象という動物を説明するのに側面からの絵だけでなく、上下前後、そして内側から見ています。無駄話に見えるようなエピソードも、象の本質的な理解を助けるためにしているつもりです。

株式投資はギャンブルではありません。あらゆるギャンブルには胴元がいて、プレーヤーの期待値は必ずマイナスです。しかし株式投資には企業の利益という裏付けがあります。その利益の何倍なら買うかと市場参加者が思っているか、つまりPERが何倍であるかという点は、確固たる標準値がなく、常に変動し、かつ科学的な予測もできません。時価総額が「期待利益×PER」で決まる以上、株価は企業とは無関係に大きく動くことがあります。それでも株価の本質は企業利益です。だからこそ、まずビジネスとは何か、会社はどう成り立っているのか、利益はどのように生み出されるのかという点をじっくり説明しました。コンサルタントやファンドマネジャーが仕事としてやるような厳密な企業分析方法には触れていませんが、少額で株式投資をスタートするにあたってはそこまでしなくても、「この会社は儲かっているか」「さらに大きくなることが可能か」という点をざっくり予測できれば、十分だと考えています。しかしそれでも、勉強と部活にほとんどの時間を費やし、仕事の経験が全くない中高生が、手触り感をもって予測するのは不可能です。また毎日仕事がある社会人にも時間の制約があるでしょう。だからインデックスファンドを毎月買う行動を通じて、定期的に株式市場に触れて、少しずつ学んでいってほしいという思いです。この先も個別株には手を出さず、ずっとこの投資方法のままでも構わないとさえ思っています。

現代社会に生きる我々が重視している価値観の一つに、「人生は努力によって切り開かれるべきである」というものがあります。しかし、こと株式投資においては、時にこの価値観が失敗の原因になります。一生懸命銘柄を選んで、タイミングを見計らいながら売り買いを繰り返す。「いくら上がったら売る」と決めて、その値段になったら「私の予測通りだ」と喜んで売ってしまう。逆に下がれば「自分の予測は正しいはずだ」とナンピン[※1]買いをして挙げ句は塩漬けにしてしまう。こんな失敗が起こるのは、自分で手を下すことで達成する喜びに価値を見出しているからです。

買った株が上がるか下がるかは、我々投資家の努力とは無関係です。企業の経営者の成功を祈るしかないのです。そして株価が上がる＝会社の利益が増えるのには時間がかかります。ユニクロが店舗を増やすには、店の数だけ店長が必要です。店長を適当に他から持ってくることはできません。時間をかけて仕事のやり方とユニクロイズム（的なこと）を一人ひとりに体得させる時間が必要です。トヨタが新車を作るには何年もの研究開発が必要です。数万点にも及ぶ部品を丁寧に選んで設計通りの性能が出るようにすり合わせます。いざ量産となれば大量の部品を過不足なくタイムリーに調達し、一点一点、一台一台作ります。ヒットする車があればラッキーですが、ほとんどの新車の販売台数は目標台数以下です。あらゆる会社がそうなのです。そして投資家である我々は企業のこうした活動に対して手を下すことはできません。ただ成功を祈ってじっと待つ。我々にできるのはそれだけです。

それだからこそ、株式投資は余裕資金でやるべきなのです。来月必要なお金、来年必要なお金を株式投資で手に入れるのは確率の低いことです。うまくいくかもしれませんが、それはコイントスの結果と同程度です。

「株式投資の報酬は、我慢に対する報酬である」これは※2ウォーレン・バフェットの金言です。将来のことは誰にもわかりません。これから先も様々なリスクイベントが起こるでしょう。株式市場は明日大暴落するかもしれません。投じた資産が目減りすることもあるでしょう。それでもあらゆる企業は努力を続け、環境に適応して変化していきます。そしてきっちり利益を出します。それに成功する確率の高い優良企業の利益の結集が、日経225であり、S&P500なのです。

——Fortune favors the bold.（幸運は勇者に味方する）

この言葉をお贈りして、本書の結びといたします。読者の皆様の幸運を祈ります。

2021年9月吉日

山崎　将志

※1　保有している銘柄の株価が下がったときに、さらに買い増しをして平均購入単価を下げること。
※2　アメリカ合衆国の投資家、経営者、資産家、慈善家。11歳の時、図書館で『1000ドル儲ける1000の方法』を読んで複利効果について知り、35歳までにミリオネアになることを宣言。現在の保有資産額は10兆円を超える。

文庫版のためのあとがき

親子3人の株式投資勉強会から3年が経ちました。次男の竹二はその翌年大学生になると、すぐさま運動会の野球部に入部しました。3年生になった今年は東京六大学野球で神宮でプレーすることを目指しています。勉強会の中では「プロ野球選手は無理」と発言していましたが、野球そのものが心底好きなようです。三男の梅三はこの春大学に合格し、親元を離れて一人暮らしを始めました。そして野球からは離れて体育会のアメフト部に入部しました。身寄りが一人もいない土地で、未経験のスポーツを始めるのは大変なことでしょうが、その分学ぶことは多いでしょう。

勉強会の後コツコツと始めたインデックス投資により、彼らは順調にお金を増やしているようです。とは言え、お金が増えたのは彼らの努力とは何の関係もありません。2021年の3月にインデックス投資を始めた人は、何か重大な間違いをした人を除いてほぼ全員資産を増やしています。ただ、二人の息子の成果を挙げるとすれば、決断し、実行したことです。趣味や友人との交遊に使いたいだろうに、それを我慢してコツコツ投資できていることは称賛に値します。たいていの良いことは我慢の後に訪れます。我慢の習慣はきっと彼らに明るい未来をもたらすはずです。

ただし、いまはお金が増えていても、そのうちお金が減るタイミングが必ず訪れます。最初は自分のものになっていたはずの利益が減り、状況によっては元手よりも減ってしまうこともあるでしょう。その時に大切なのもやはり我慢です。

なぜ私はかくも我慢を強調するのか。それは、リスクを取らないとリターンは得られないからです。

本書をお読みになった方全員に、株式投資は絶対にやる方が良いとは言いません。理解はしたけど怖いから行動したくないと思っている方も多いでしょう。そんな方でも、これから述べる重要な事実は知っておいてください。

それは「r＞g」です。

これは「資本収益率は常に経済成長率を上回る」ということを意味します。わかりやすく言えば、資産運用により得られる富は、労働によって得られる富よりも成長が早いということです。

この「r＞g」はフランスの経済学者トマ・ピケティが18世紀にまで遡って分析したデータにより得られた発見です。過去200年の実績を均すと、「r」の資本収益率が年に5％程度あったにもかかわらず、「g」は1～2％程度しかありませんでした。

ピケティの主張は、「r＞g」のために格差が生じ、その差は拡大する一方だ、だから政府などの機関が何らかの干渉をする必要がある、というものです。社会的に見れば誰も反論する余地のない主張ですが、私はこの法則は、我々個人が豊かになるために必要な行動を示唆しているように思えます。

本書が読者の皆さんの決断と我慢を後押しすることを願っています。

2024年5月

山崎　将志

本書は２０２１年10月に刊行された『父さんが子供たちに7時間で教える株とお金儲けの教養。』（日本経済新聞出版）を改題し、加筆編集のうえ文庫化したものです。

日経ビジネス人文庫

父《とう》さんが教《おし》える株《かぶ》とお金《かね》の教養《きょうよう》。

2024年6月 3 日 第1刷発行
2024年6月27日 第2刷

著者
山崎将志
やまざき・まさし

発行者
中川ヒロミ

発行
株式会社日経BP
日本経済新聞出版

発売
株式会社日経BPマーケティング
〒105-8308 東京都港区虎ノ門4-3-12

ブックデザイン
沢田幸平(happeace)

本文DTP
マーリンクレイン

印刷・製本
中央精版印刷

Printed in Japan ISBN978-4-296-12027-7

nbb 好評既刊

トリガー 6つの質問で理想の行動習慣をつくる

マーシャル・ゴールドスミス
マーク・ライター
斎藤聖美＝訳

先延ばし、上から目線、飲酒――。悪い習慣の「引き金」を特定し、良い習慣に変える。日々の改善を定着させるセルフ・コーチングの極意。

セゾン 堤清二が見た未来

鈴木哲也

無印良品、パルコ、ロフト――。堤のコンセプトはなぜいまも輝いているのか。異端の経営者の栄光と挫折を描く骨太のドキュメント。

トマトが切れれば、メシ屋はできる 栓が抜ければ、飲み屋ができる

宇野隆史

「汁べゑ」などの人気居酒屋を次々と作った楽コーポレーション会長の著者が繁盛店作りのノウハウを披露。「繁盛しない店なんてない！」

世界最高峰の経営学教室〈1 理論編〉

広野彩子＝編著

「知の巨人」たちが語る最新経営論。世界トップのスター研究者による講義。本編では野中・コトラー・ポーター教授など大御所が登場。

世界最高峰の経営学教室〈2 実践編〉

広野彩子＝編著

リーダーシップ、DXとAIをめぐる議論から日本企業が抱える課題まで。本編では世界トップスター研究者が実践的な講義を展開します。

nbb 好評既刊

ネット興亡記 ①開拓者たち

杉本貴司

ドラマにもなった本格ノンフィクション。藤田晋の屈辱、楽天誕生秘話、アマゾン日本上陸ほかネット黎明期の熱き物語を一気読み。

ネット興亡記 ②敗れざる者たち

杉本貴司

ライブドアに迫る破滅の足音。敗者がつないだLINEの物語。メルカリ創業者の長い旅……起業家たちの光と影を鋭く描き出す。

嫌われ者リーダーの栄光

鹿島 茂

リーダーは時に嫌われ者になるが歴史が正しさを証明する。ド・ゴール、オスマン、徳川慶喜ら5人の物語からリーダーシップの本質に迫る。

はじめる習慣

小林弘幸

名医が教える、自律神経を整え心地よく暮らす99の行動習慣。心身の管理、人間関係、食生活……今日からできることばかり。書き下ろし。

リセットの習慣

小林弘幸

〝なんとなく調子が優れない〟のは、自律神経が乱れているから。自律神経研究の名医が教える、悪い流れを断ち切る99の行動術。書き下ろし。